# LAS PROFECÍAS DE JEREMÍAS

# LAS PROFECÍAS DE JEREMÍAS

COMENTADAS POR EL
RABÍ YOSEF CARO BEN SHIMON

EDICIONES OBELISCO

**Colección Cábala y Judaísmo**
LAS PROFECÍAS DE JEREMÍAS

*Rabí Yosef Caro Ben Shimon*
1.ª edición: febrero de 2020

Título original: *Eijá*

Traducción: *Rabí Aharon Schlezinger*
Corrección: *Sara Moreno*
Diseño de cubierta: *Isabel Estrada*



Edita: Ediciones Obelisco, S. L.
Collita, 23-25. Pol. Ind. Molí de la Bastida
08191 Rubí - Barcelona - España
Tel. 93 309 85 25 - Fax 93 309 85 23
E-mail: info@edicionesobelisco.com

ISBN: 978-84-9111-554-0
Depósito Legal: B-1.317-2020

Impreso en España en los talleres gráficos de Romanyà/Valls, S. A.
Verdaguer, 1 - 08786 Capellades (Barcelona)

*Printed in Spain*

# PRÓLOGO

*Meguilat Eijá,* literalmente «el rollo de *Eijá*» es probablemente el relato más desgarrador de todo el *Tanaj.* Nos describe una Jerusalén, antaño gloriosa y prestigiosa, reducida a ruinas y escombros a causa de «la multitud de sus transgresiones». Junto con *Rut,* el *Cantar de los Cantares,* el libro de *Ester* y el *Eclesiastés,* es una de las cinco *meguilot.* A pesar de ser muy diferentes tanto en su redacción como en su contendido, estos cinco rollos conforman una sola entidad, de algún modo paralela a los cinco libros de la *Torah.* Por otra parte, el rollo de *Eijá* también está constituido por cinco capítulos. De estos cinco capítulos, tres comienzan por la palabra *Eijá* (איכה): el primero, el segundo y el cuatro.

Antes de entrar a comentar, detengámonos en la palabra *Eijá* (איכה). Este término aparece por primera vez en la *Torah* en el libro del *Génesis* (III-9), escrito con las mismas letras, pero pronunciado *Aieka,* donde se traduce por «¿Dónde?», cuando Dios le pregunta a Adán dónde está. Al significar también *Aieka* (איכה) «cómo» o «¡ay!», el versículo puede leerse como «¡Ay! ¿Cómo has llegado hasta esto?» La respuesta la conocemos todos: desobedeciendo a Dios.

De algún modo lo que hace Adán y le vale el primer *Eijá* (איכה), la primera lamentación de la *Torah,* se aplica también al pueblo de Israel a causa de «la multitud de sus transgresiones». Con todo, *Aieka* (איכה) constituye para rabí Najman de Breslev «la conexión existente entre el ser humano y el creador». Es obvio que Dios sabía perfectamente dónde estaba Adán, pero le hacía una pregunta para darle la oportunidad de que se arrepintiera. La respuesta de Adán será más una excusa que otra cosa: «Ella me dio del árbol y yo comí» (*Génesis* III-12). Un brillante comentarista, el Ramataim Tzofim, lo explica así: «Ésta es una gran lección para el ser humano: que sea consciente de sí mismo, que no sea tan ignorante como para engañarse a sí mismo». En vez de derivar las culpas hacia los demás, deberíamos hacer más autocrítica.

En el Talmud (*Sanhedrín* 104 b) se comenta que el valor numérico de *Eijah* (איכה), «¡Ay!», la palabra por la que comienzan las *Lamentaciones de Jeremías,* es 36 y corresponde a las transgresiones susceptibles de pena de muerte que aparecen en la *Torah.*

Nos encontraremos en la tradición judía con otros conceptos que también suman 36 y que, de algún modo serán el antídoto de este *Aieka* (איכה). El más famoso sin duda sea la presencia de 36 justos que mantienen el mundo (Talmud, tratados de *Sanhedrín* 97b y *Sukkah* 45b).

### El autor de las Lamentaciones

Tradicionalmente se considera que el autor de este libro fue el profeta Jeremías, por lo que también se lo conoce como *Profecías de Jeremías.* Jeremías fue testigo de la destrucción del Primer Templo. Los especialistas llegan a esta conclusión apoyándose principalmente en un versículo del libro de las *Crónicas*:

> «Y endechó Jeremías por Josías, y todos los cantores y cantoras recitan sus lamentaciones sobre Josías hasta hoy; y las han vuelto en ley en Israel, las cuales están escritas en las *Lamentaciones*». (II *Crónicas* XXXV-25).

En su famoso comentario, Rashi sostiene que el rollo de *Eijá* es el que el rey Joacim:

> «Rasgó con un cuchillo de escribanía, y lo echó en el fuego que había en el brasero, hasta que todo el rollo se consumió sobre el fuego que en el brasero había».[1]

Así como el rollo de *Ester* se acostumbra a leer durante la noche de Purim, el de *Eijá* se lee durante el día de *Tishá veAv*, el 9 del mes de Av, haciendo eco de los versículos 3, 4 y 5 del libro de los *Reyes*, citados por Yosef Caro en su *Nusja Shenia*, su segundo comentario, al versículo 6 del primer capítulo de *Eijá*. El texto de *Reyes* dice, entre otras cosas que «el nueve del mes se fortificó el hambre en la ciudad y no hubo pan para el pueblo en la tierra». En el comentario al versículo 19 del segundo capítulo, el rabí Caro clarifica que «en la noche» se refiere a la noche del 9 de Av y se trata de algo que hay que recordar «cada año y año», o sea todos los años. En el Tratado de *Sofrim* ya se establece la obligación de que incluso las mujeres han de participar de la lectura de *Eijá*.

Muchos fueron los profetas que anticiparon la destrucción del Templo Sagrado, que, sin embargo, no se derrumbó hasta los días de Jeremías.[2] Todo esto ya estaba predicho en el libro del *Levítico* (XXVI-31) cuando dice:

> «Y asolaré vuestros santuarios».

En el comentario al versículo 13 del segundo capítulo de nuestro libro leemos:

> «Porque no hay nación a la que le haya ocurrido tal como te ocurrió a ti, para que la veas y te consueles».

### Eijá y los misterios de las letras

Como nos descubre el rabino Aharón Shlezinger en el Apéndice I, en el texto de *Eijá* nos encontramos con siete alfabetos hebreos completos. Se ha dicho que toda la Escritura nos habla del mun-

1. *Véase* Jeremías XXXVI-23.
2. *Véase* pág. 47.

פירוש רבי יוסף קרא

על

מגלת איכה

עפ"י כתב יד הנמצא באוצר הספרים של בית מדרש הרבנים בברעסלוי קובץ 104

וגם נוסחא שניה

עפ"י כתב יד הנמצא באוצר הספרים במינכען קובץ 5.

עם

הערות ותקונים וציוני הכתובים ופתח דבר

מאת

שלמה באבער

ברעסלויא

do venidero, el *Olam haBa* (עולם הבא). Los cabalistas nos descubren que el valor numérico de esta expresión es 154 y que los versículos que componen el libro de *Eijá* son exactamente 154. Por otra parte, la palabra Sion aparece 154 veces en el Tanaj.

Los cabalistas también lo han relacionado con el primer capítulo del libro del *Deuteronomio,* que también tiene 154 versículos. Curiosamente este libro comienza por la palabra *Eleh* (אלה) cuya guematria es 36, como la de *Eijá* (איכה).

Si sumamos las letras de 7 alfabetos de 22 letras, de nuevo obtenemos 154.

La destrucción, tanto del primer Templo de Jerusalén como del segundo, sucedieron un 9 de *Av,* considerado el día más negativo del año. Los sabios consideran que los exploradores que regresaron de la tierra prometida y «hablaron mal entre los hijos de Israel» (*Números* 13) lo hicieron la noche del 9 de *Av*. Por esta razón Rashi escribe se trata de una «noche fijada como una fecha de lloros para las generaciones». También en 9 de *Av* tuvieron lugar la resolución de la Inquisición para expulsar a los judíos de España y la declaración de la «Solución Final», que dio origen al Holocausto. ¿Casualidad?

Otra de las características de este día es que no se estudia Torah, lo cual lo desvincula de lo sagrado, pero el Talmud dice que el día en que se revelará el Mashiaj será un 9 de *Av* después del mediodía. Además, como el tema de la noche es el luto por la destrucción de los templos, es costumbre sentarse en el suelo, mientras se lee *Eijá* hasta mediodía del día siguiente. El acto de levantarse y alcanzar la posición erecta se asocia con la revelación del Mashiaj.

El Zohar menciona el 9 de *Av* en la sección de *Vaishlaj*[3] en un artículo que comienza con las palabras:

> «Por eso los de Israel no deben comer el tendón dislocado de la articulación de la cadera –*guid hanashé*– hasta el día de hoy, pues él golpeó a Jacob en la articulación de la cadera, en el tendón dislocado (Génesis 32:33)».

Y más adelante:

> «*¿Y por qué es llamado guid hanashé?* Es decir, el significado de la raíz de esta palabra señala que es un tendón que hace olvidar –*menashé*– a los hombres del servicio de su Señor. Y el motivo es porque allí, precisamente allí, se encuentra la Mala Inclinación».

Cada uno de los 365 días del año corresponde a uno de los 365 tendones del cuerpo y a una de las 365 prohibiciones de la *Torah* (*Mitzvot lo taase*) Los tendones son las partes del cuerpo que

3. *Véase* Zohar I-170 b. (Vol. VI de nuestra edición, pág. 55).

llevan la energía metafísica de una idea a una acción. Al ser parte de la conciencia del cuerpo, normalmente buscan hacer acciones que satisfagan al cuerpo y no al alma, incluso cuando éstas sean perjudiciales para el cuerpo mismo. El 9 de *Av* es el día que corresponde al nervio ciático y es controlado por el Ángel de la Oscuridad, nuestro egoísmo y la Mala Inclinación.

También en el Zohar[4] podemos leer:

> «Y por eso dijo la *Torah*: «Por eso los de Israel no deben comer el –*et*– tendón dislocado de la articulación de la cadera –*guid hanashé*– hasta el día de hoy», y la palabra hebrea *et* viene para incluir al día 9 de *Av*, en el que no se come y no se bebe».
>
> «... todo el que come en el día 9 de *Av* es considerado como si hubiese comido el *guid hanashé*».

Ya hemos visto que en este libro aparecen siete alfabetos completos. Curiosamente, en estos alfabetos, el orden de las letras es el correcto en todos los casos excepto en el capítulo cuarto donde a la letra *Samej* (ס) no la sigue la *Ayin* (ע), como sería lógico, sino la *Pe* (פ). Esta rareza ha sido objeto de numerosos comentarios por parte de los sabios. Entre todos ellos cabe destacar el de rabí Najman de Breslev.

La letra *Pe* (פ), que significa «boca» y que es la letra 17 del alfabeto hebreo, está colocada en la posición 16, que es la posición que normalmente ocuparía la letra *Ain* (ע), que significa «ojo», y esta a su vez toma el lugar 17.

En una primera lectura, aplicándolo al pecado de Adán, podemos decir que «la boca se adelantó»: comió del fruto prohibido antes de que madurara, como sostienen varios comentaristas.

Por otra parte, nos está indicando que nuestra boca, lo que decimos, determina lo que observamos, lo que ve nuestro ojo, *Ain* (ע), pero en el caso del libro de *Eijá*, viene a corroborar la opinión de los sabios que sostiene que la destrucción del Templo es el resultado de dos cosas muy concretas, en este orden: *Lashon haRa* y *Ayin haRa*. *Lashon haRa* es lo que conocemos por maledicen-

---

4. *Véase* Zohar I-170 b. (Vol. VI de nuestra edición, pág. 57).

cia, y *Ayin haRa* es lo que conocemos como «Mal de Ojo», relacionado con la envidia. Nos enseña el Talmud (*Baba Metsia* 107b) que visitando un cementerio, Rav declaró que el 90% de los que estaban enterrados habían fallecido por culpa del *Ayin Ra* (עין רע), el Mal de Ojo. Podríamos culpar de nuestra muerte a la envidia de los demás, y sin duda estaríamos haciendo como Adán que echa las culpas a Eva, pero es mucho más realista pensar que es nuestra propia envidia la que nos mata, pues la envidia es como un veneno que va corroyendo el alma poco a poco.

La presente edición, realizada por el rabino Aharón Shlezinger, es una nueva traducción del texto de *Eijá* comentado versículo a versículo por el rabino Yosef Caro ben Shimón, erudito judío de origen sefardí nacido en Francia, alumno aventajado de Rashi. Se trata de la primera vez que este texto se traduce a una lengua moderna, y desde aquí agradecemos al rabino Shlezinger el cariño y el esfuerzo empleados en su traducción, así como los apéndices que la acompañan.

EL EDITOR

# I

**א. איכה ישבה בדד, העיר רבתי עם--הייתה, כאל-
מנה; רבתי בגויים, שרתי במדינות--הייתה, למס.**

**1. «¡Cómo ha quedado solitaria la ciudad de pueblo numeroso!».** La ciudad que en el pasado tenía un pueblo numeroso.

**ב. בכה תבכה בלילה, ודמעתה על לחייה--אין-לה
מנחם, מכל-אוהביה: כל-ריעיה בגדו בה, היו לה
לאויבים.**

**2. «Ciertamente llora en la noche, y su lágrima está sobre sus mejillas; no tiene consuelo de todos los que la amaban».** Su llanto se asemeja a quien llora en la noche, cuyos vecinos no lo ven y no lo consuelan. Pues ese que llora en el día, vienen todos los que lo conocen y acallan sus lágrimas para que no desciendan sobre sus mejillas. Pero ese que llora en la noche sigue llorando hasta que sus lágrimas se posan sobre sus mejillas y no tiene quien lo consuele. Del mismo modo aquí, el llanto de Sion y el panegírico de Jerusalén se asemejan a la mujer que llora en la noche, y por el mucho llanto, sus lágrimas se posan sobre sus mejillas.

**«No tiene consuelo de todos los que la aman».** Y no sólo eso; no sólo que no tiene consuelo, sino que todos los que eran sus amados en el pasado, ahora son sus enemigos, los moradores de Babilonia y todos los caldeos. Pues debido a que las espaldas de ella están hacia ellos, ellos descubrieron su desnudez y ellos destruyeron su Templo Sagrado. Y también los moradores de Egipto que eran sus amados, como está dicho: «Y te prostituiste con los hijos de Egipto, tus vecinos, de carne crecida» (Ezequiel 16, 26). Ellos se convirtieron en enemigos de ella, y ellos se asociaron en la destrucción de la Casa –el Templo Sagrado–.

ג. גלתה יהודה מעוני, ומרוב עבודה--היא ישבה בגויים, לא מצאה מנוח; כל-רודפיה השיגוה, בין המצרים.

**3. «Judá fue exiliada de la pobreza y de la pesada servidumbre; ella residió con las naciones y no halló reposo, todos sus perseguidores la alcanzaron en las fronteras».** No quiere decir que Judá fue exiliada a causa de la pobreza, y tampoco por la pesada servidumbre con que servían a los reyes de la tierra, porque no había riqueza como la riqueza de Jerusalén. Ya que Jerusalén se denomina las puertas de las naciones y proveedora de los pueblos. Sino que ésta es la explicación: desde el día en que Judá fue exiliada y Jerusalén residió con los pueblos, no halló reposo a causa de la pobreza y a causa de la servidumbre con que la hacían servir los reinos de los pueblos.

**«Todos sus perseguidores la alcanzaron en las fronteras».** La explicación del asunto es que se refiere a los límites territoriales. Cuando deambulaban y huían yendo junto a sus vecinos a causa de la espada del enemigo, venían sus vecinos y los descubrían y los encerraban. A esto se refiere lo que está escrito acerca de Moab: «Moab, moren contigo mis desterrados, sé escondite para ellos» (Isaías 16, 4). Y asimismo: «No descubras el escondite de los desterrados errantes» (Isaías 16, 3).

«Judá fue exiliada de la pobreza y de la pesada servidumbre, ella residió con las naciones y no halló reposo». La explicación es que desde el día en que Judá fue exiliada y residió con las naciones, desde ese día no tenía reposo a causa de la aflicción con que la afligían los pueblos, y por la pesada servidumbre a la que era sometida. «Todos sus perseguidores la alcanzaron en las fronteras». Pues así ocurrió en todos los lugares en que los hijos de Israel huían, cuando llegaban a la frontera junto a sus vecinos, sus vecinos iban y los encerraban. Huyeron al oeste, fueron los de Gaza y los encerraron, como está escrito: «Así ha dicho el Eterno: "Por tres insubordinaciones de Gaza, y por el cuarto, no aboliré su castigo; porque llevó al exilio a todo un pueblo para encerrarlo –y entregarlo– a Edom"» (Amos 1, 6). Huyeron al norte y los moradores de Tzor los encerraron, como está escrito anteriormente. Huyeron al sur y los edomitas los asesinaron, como está escrito: «Así ha dicho el Eterno: "Por tres insubordinaciones de Edom, y por el cuarto, no aboliré su castigo; porque persiguió a espada a su hermano, y pervirtió su misericordia; y lo ha despojado en su furor continuamente, y conservó su ira permanentemente"» (Amos 1, 11).

ד. דרכי ציון אבילות, מבלי באי מועד--כל-שעריה שוממין, כוהניה נאנחים; בתולותיה נוגות, והיא מר-לה.

**4. «Los caminos de Sion están enlutados, porque no hay quien venga a las festividades solemnes; todos sus portales están asolados».** Todos sus portales, en los que había allí lugar de reunión, como Nov y Guivon, ahora están asolados. **«Sus sacerdotes gimen, sus vírgenes afligidas** *–nugot–*». Como: «Afligidos *–nuguei* del plazo» (Sofonías 3, 18). Es una expresión que indica aflicción. **«Y ella está con amargura».**

NUSJA SHENIAH

«Los caminos de Sion están enlutados». Los caminos sobre los que los hijos de Israel pisaban para ascender a las festividades solemnes, ahora están enlutados sobre ellos. «Porque no hay quien venga a las festividades solemnes». Porque el Templo Sagrado fue destruido y no hay quien venga a las festividades solemnes. «Todos sus portales están asolados». Los portales que estaban abiertos siempre, día y noche, y no se cerraban, porque los hijos de Israel iban de todas sus ciudades, entonces estaban asolados. «Sus sacerdotes», que recibían de los hijos de Israel los veinticuatro presentes del sacerdocio, ahora «gimen; sus vírgenes afligidas, y ella está con amargura».

**ה. היו צריה לראש אויביה שלו, כי-יהוה הוגה על רוב-פשעיה; עולליה הלכו שבי, לפני-צר.**

**5. «Sus opresores fueron convertidos en cabezas** –líderes–». Los opresores de ella fueron convertidos en cabezas, los de la tierra de los caldeos. Ese pueblo no era –cabeza–, y para que destruyeran a Jerusalén fueron convertidos en cabeza. **«Sus enemigos estuvieron sosegados, porque el Eterno la afligió** *–hoga–* **por sus muchos pecados».** Como: «Y afligió *–vaiague–* a hijos de hombres» (Lamentaciones 3, 33). Y la explicación es que la quebrantó. **«Estuvieron sosegados** *–shalu–*». Como: «Estuve sosegado *–shalev–*» (Job 16, 12). **«Sus retoños fueron al exilio ante el opresor».** La explicación es que los jóvenes de ella fueron al exilio ante sus opresores.

NUSJA SHENIAH

«Sus opresores fueron convertidos en cabezas». Cuando los hijos de Israel hacían la voluntad del Omnipresente, está dicho acerca de ellos: «El Eterno te pondrá por cabeza y no por cola» (Deuteronomio 28, 13). Y debido a que pecaron, sus opresores fueron convertidos en cabezas. «Sus enemigos estuvieron sosegados, porque el Eterno la afligió por sus muchos pecados, sus retoños fueron al exilio ante el opresor». Incluso los retoños, que no es común que vayan al exilio, entonces fueron al exilio.

ו. וייצא מבת-ציון, כל-הדרה; היו שריה, כאיילים לא-מצאו מרעה, וילכו בלא-כוח, לפני רודף.

**6. «Se apartó de la hija de Sion todo su esplendor; sus príncipes fueron como ciervos sin hallar pasto, y fueron ante el perseguidor sin fuerza».** Se aprende que se completó el poder de los perseguidores sobre ellos, aunque: «su carcaj era como sepulcro abierto, todos valientes» (Jeremías 5, 16). «Pues sus espadas estaban afiladas [...]» (Isaías 5, 25). «No había cansado ni alguien que tropezara [...]» (Isaías 5, 27).

NUSJA SHENIAH

«Se apartó de la hija de Sion todo su esplendor». Se refiere a sus reyes, sus ministros, sus sacerdotes y profetas, que eran el esplendor del lugar. «Sus príncipes fueron como ciervos sin hallar pasto, y fueron ante el perseguidor sin fuerza». Así como el ciervo que no halla pasto no tiene fuerza para huir del cazador, también ellos, ya que no hallaron pasto, fueron sin fuerza ante el perseguidor. Pues así está dicho: «El nueve del mes se fortificó el hambre en la ciudad, y no hubo pan para el pueblo de la tierra. Y fue abierta una brecha en la –muralla de la– ciudad, y huyeron en la noche todos los hombres de guerra por el camino del portal que se hallaba entre las dos murallas, junto al jardín real, y los caldeos se encontraban alrededor de la ciudad; y –el rey– fue por el camino de la planicie. Y la legión de los caldeos siguió al rey, y lo apresó en las planicies de Jericó, y todo su ejército fue dispersado» (II Reyes 25, 3-5).

ז. זכרה ירושלים, ימי עונייה ומרודיה--כול מחמו־
דיה, אשר היו מימי קדם; בנפול עמה ביד-צ ר, ואין
עוזר לה--ראוה צרים, שחקו על משבתיה.

**7. «Jerusalén recordó en sus días de aflicción y rebeliones todas las cosas buenas que tuvo desde los días de antaño, y ahora, con la caída de su pueblo en mano del enemigo, no habiendo quien la ayudase, la vieron los enemigos, y se burlaron de su abatimiento».** Ahora se recuerda a Jerusalén en sus días de aflicción y rebeliones, mencionándose todas las cosas buenas que tuvo desde los días de antaño. Porque así es usual cuando se recuerda a una persona en sus días de aflicción, se mencionan sus días buenos en los que estaba bien; tal como hallamos en Job, como está escrito: «Quién me diere –volver– como era en las lunas pasadas, como los días en que Dios me protegía [...]. Como ocurría en los días pasados, cuando venían a mi tienda por el consejo de Dios» (Job 29, 2-4). También aquí con los días de aflicción y rebeliones de Jerusalén se mencionan todas las cosas buenas que tenía en los días de antaño. «La vieron los enemigos, y se burlaron de su abatimiento». Porque todo el bien que tenía fue abatido.

NUSJA SHENIAH

«Jerusalén recordó en sus días de aflicción y rebeliones todas las cosas buenas que tuvo desde los días de antaño». Porque así es habitual en el mundo, que cuando una persona comienza con bien y después cae, en los días de su pobreza recuerda los años buenos, cuando estaba inmersa en bondad al comienzo. «Y ahora, con la caída de su pueblo en mano del enemigo, no habiendo quien la ayudase, la vieron los enemigos, y se burlaron de su abatimiento –*mishbatea*–». Los enemigos que la vieron en los días de su grandeza, entonces, cuando la vieron en los días de su abatimiento, se burlaron de las palabras deseables que se apartaron de ella. La expresión *mishbatea* significa «cesado». Tal como lo que está escrito: «Y cesó –*vaishbot*– el maná» (Josué 5, 12). Cuya traducción al arameo es: *upsak mana.* Y asimismo: «El día y la noche no cesarán *–ishbotu–*» (Génesis 8, 22).

ח. חטא חטאה ירושלים, על-כן לנידה הייתה; כל-מכבדיה הזילוה כי-ראו ערוותה, גם-היא נאנחה ותשב אחור.

**8. «Ciertamente Jerusalén pecó, y por eso fue desterrada; todos los que la honraban la despreciaron, porque vieron su desnudez, y también ella gimió y se volvió atrás».** Todos los que la honraban en el pasado, entonces la despreciaron. «Porque vieron su desnudez». Cuando las naciones descubrieron su desnudez, todas sus acciones fueron comparadas a las de una mujer meretriz, a la cual se juzga con el juicio de la prostitución, pues abandonó al hombre de su juventud y olvidó el pacto con su Dios. [Y a esto se refiere lo que está escrito: «La cual abandona al esposo de su juventud, y olvida el pacto de su Dios» (Proverbios 2, 17)].

NUSJA SHENIAH

«Ciertamente Jerusalén pecó, y por eso fue desterrada *–lenidá–;* todos los que la honraban la despreciaron, porque vieron su desnudez». La explicación es que todos los pueblos que en el pasado la honraban, entonces, cuando vieron su desnudez, la despreciaron, cuando vieron que los llevaban al exilio desnudos. «Y también ella gimió y se volvió atrás». La explicación es que después de haber pecado, gimió por los pecados que cometió, los cuales provocaron que fuera desterrada. «Y se volvió atrás». La explicación es que si pudiera volverse y arrepentirse de sus pecados entonces se arrepentiría y volvería. Y si hubiese hecho lo último primero, antes de haber sido exiliada y antes de haber sido desterrada, cuando Jerusalén estaba integra y sus ciudades en derredor, no hubiese sido exiliada.

ט. טומאתה בשוליה, לא זכרה אחריתה, ותרד פלאים, אין מנחם לה; ראה יהוה את-עוניי, כי הג־ דיל אויב.

**9. «Su impureza está en sus confines** *–shulea–,* **y no tuvo memoria de** –lo que sería de– **su posteridad».** Los profetas hablaron con un lenguaje limpio y pulcro. *Shulea* se refiere al lugar íntimo –del cuerpo– de ella. (Asimismo, la expresión *shulea* comparte raíz con la expresión *shalva,* que significa «sosiego»). Y así fue explicado, que estaba sosegada y con su impureza en su lugar íntimo; ya que se prostituyó estando bajo –matrimonio con– su marido. (Como se dijo): «Y vino a casa del Eterno, a Judá» (y ellos se dirigen a otros dioses, como está escrito): «Además, el Eterno me dijo: "Anda, ama a una mujer amada por su compañero –su marido–, pero infiel, como el amor del Eterno a los hijos de Israel, y ellos se dirigen a otros dioses, y aman copas –de vino– de uvas"» (Oseas 3, 1). Y no tuvo memoria de que finalmente tendría amargura. «Y cayó de manera sorprendente *–pelaim–».* Como está escrito: «Y tus flagelos serán sorprendentes *–hipla–»* (Deuteronomio 28, 59). Asimismo, fue explicado –que la declaración–: «Y cayó de manera sorprendente *–pelaim–»* –enseña que– cayó de su grandeza, y su caída fue tan grande que todo el que oía acerca de su caída se sorprendía y lo consideraba algo sorprendente, es decir, decía que el Santo, Bendito Sea, hizo una cosa sorprendente, porque la hizo caer de su grandeza. **«Sin tener quien la consuele; el Eterno, observa mi aflicción, porque el enemigo ha engrandecido».** Porque el enemigo ha crecido en hechos.

NUSJA SHENIAH

«Su impureza está en sus confines». Cuando se impurificada con los ídolos, «y no tuvo memoria de –lo que sería de– su posteridad», no consideró el reproche de los profetas que le advirtieron que su posteridad sería amarga. «Y cayó de manera sorprendente». Cayó de una manera sorprendente, ya que le sucedieron los asuntos sorprendentes de los reproches, lo que no fue así con otro pueblo y lengua. Se cumplió lo que está escrito: «Y tus flagelos serán sorprendentes» (Deuteronomio 28, 59). «Sin tener quien la consuele». La explicación es que quien venía para consolarla no podía consolarla y alegrarse con otro pueblo como hizo con Nínive, que cuando profetizó acerca de su castigo dijo: «¿Acaso tú eres mejor que Tebas, que era multitudinaria, y estaba junto a ríos, rodeada de aguas, cuya fortificación era el mar, y aguas por muralla? La propia Etiopía –venía a ayudarla y era su fortaleza–, también Egipto, y no había límite –para los que la ayudaban–; Fut y los de Lub fueron tu ayuda. Mas también ella fue exiliada, llevada en cautiverio; y sus retoños fueron quebrados en las intersecciones de todas las calles, y sobre sus honorables echaron suertes, y todos sus grandes fueron encadenados con cadenas. También tú –Nínive– serás embriagada, y serás destruida; también tú buscarás protección del enemigo. (Nahum 3, 8-11). Y asimismo, cuando el profeta profetizó el castigo de Egipto lo consoló y se regocijó con Asiria, como está escrito: «Hijo de hombre, dile al Faraón, rey de Egipto, y a su pueblo: ¿A quién te asemejas en tu grandeza? He aquí Asiria, era cedro del Líbano, con bellas ramas, de frondoso ramaje, y de gran altura, y su copa estaba entre ramas tupidas. Las aguas lo hicieron desarrollar, el abismo lo hizo elevar; sus ríos corrían alrededor de su planta, y enviaba sus corrientes a todos los árboles del campo» (Ezequiel 31, 3-4). «Así ha dicho el Señor, Dios: "El día que –Asiria– descendió al Seol, hice enlutar, cubrí por él el abismo, y contuve sus ríos, y muchas aguas fueron retenidas; e hice oscurecer al Líbano por él, y desvanecieron todos los árboles del campo"» (Ezequiel 31, 15). ¿A quién te has comparado así en honor y en grandeza con los árboles del Edén? Y descenderás, pues, con los árboles del Edén a lo profundo de la tierra [...]». (Ezequiel 31, 18). Se aprende que toda nación flagelada se alegró con otra nación, pero respecto a Sion, el consolador no puede comparar a ella ningún pueblo ni lengua que fue flagelado como ella. Y a esto se refiere lo que está dicho: «El Eterno observa mi aflicción, porque el enemigo ha engrandecido» (Lamentaciones 1, 9).

י. ידו פרש צר, על כל-מחמדיה: כי-ראתה גוים,
באו מקדשה--אשר צויתה, לא-יבאו בקהל לך.

**10. «El enemigo extendió su mano a todas sus cosas preciadas; y vio a los pueblos entrar en su Templo Sagrado, a los cuales has ordenado»,** en el pasado, **«no entraran en tu congregación».** Se refiere a esos que no eran aptos a venir incluso a la congregación, como Amón y Moab y Edom (como está escrito: «No entrará amonita ni moabita en la congregación del Eterno, tampoco su décima generación entrará en la congregación del Eterno para siempre, por no haberte recibido con pan y agua en el camino cuando salías de Egipto, y por haber alquilado a Bilam, hijo de Beor, de Petor, Aram Naharaim, para maldecirte [...]»– Deuteronomio 23, 4-9). Hasta los de la tercera generación de ellos vinieron a su Templo Sagrado. Y en el pasado no eran apropiados para venir a la congregación del Eterno, y ahora vinieron incluso a su Templo Sagrado; para que no digas que las personas que eran extrañas para entrar al Templo Sagrado solamente, pero aptos para venir a la congregación, entraron al Templo Sagrado, sino que incluso esos que no eran aptos para venir a la congregación vinieron al Templo Sagrado.

NUSJA SHENIAH

«El enemigo extendió su mano a todas sus cosas preciadas». Se refiere al Templo Sagrado. Como está dicho: «Dile a la Casa de Israel: "Así ha dicho el Señor, Dios: he aquí que profano mi Santuario, la magnificencia de vuestro poderío, el deseo de vuestros ojos y el deleite de vuestra alma; y vuestros hijos y vuestras hijas que habéis dejado, a espada caerán"» (Ezequiel 24, 21). «Y vio a los pueblos entrar en su Templo Sagrado, a los cuales has ordenado que no entraran en tu congregación». Llegó el día en que vio pueblos entrando al Templo Sagrado, que en el pasado no eran apropiados para ir incluso a la congregación, y ellos son Amón y Moab, que está escrito acerca de ellos: «No entrará amonita ni moabita en la congregación del Eterno [...]» (Deuteronomio 23, 4).

**יא. כל-עמה נאנחים מבקשים לחם, נתנו מחמדיהם באוכל להשיב נפש; ראה יהוה והביטה, כי הייתי זוללה.**

**11. «Todo su pueblo gemía buscando pan; entregaron sus cosas preciadas por alimento, para apaciguar el alma** –existencial–». La explicación es que todo el pueblo de Sion gemía y entregaba sus cosas preciadas a sus propios ojos para comprar con ellas alimentos y apaciguar su alma existencial, porque estaban muy hambrientos. **«El Eterno, observa y ve, porque estoy abatida** *–zolela–*». La explicación es que ahora ella clama y dice ante el Santo, Bendito Sea: «Observa, el Santo, Bendito Sea, que las naciones del mundo me llaman *zolela*». *Zolela* es una expresión que proviene de la raíz *zol,* (que significa literalmente «barato» y también «despreciable»). Es decir: porque fui despreciable para las personas.

NUSJA SHENIAH

«Todo su pueblo gemía buscando pan; entregaron sus cosas preciadas por alimento, para apaciguar el alma –existencial–». Y si dijeras, también todas las naciones entregan su deseo por la comida y la cosecha, y toda la plata y el oro que la persona reúne la entrega por la cosecha, es posible responder que los demás pueblos, si entregan plata y oro y cosas preciadas por la comida, la adquieren para saciar su alma existencial y para mucho tiempo, y los de Israel entregaron sus cosas preciadas por comida en la que no hay en ella sino solamente para aplacar el alma existencial momentáneamente. «El Eterno observa y ve porque estoy abatida». Porque he estado abatida y despreciada entre los pueblos.

יב. לֹא אֲלֵיכֶם, כָּל-עֹבְרֵי דֶרֶךְ--הַבִּיטוּ וּרְאוּ, אִם-יֵשׁ מַכְאוֹב כְּמַכְאֹבִי אֲשֶׁר עוֹלַל לִי: אֲשֶׁר הוֹגָה יְהוָה, בְּיוֹם חֲרוֹן אַפּוֹ.

**12. «No sea** –sea como esto– **sobre vosotros, todos los que pasan por el camino».** Lo que me ha sobrevenido por mi pobreza. **«Observad y ved si hay dolor como mi dolor que me ha venido».** Lo que ha hecho mi pueblo, ya que durante varias generaciones han pecado, desde el día en que entraron en la Tierra –de Israel–, y en todos ellos Jerusalén no fue destruida, ni tampoco asolado nuestro Templo Sagrado, sino en nuestros días. **«Pues el Eterno me ha afligido en el día del ardor de su ira».** Lo que ha quebrantado en el día del ardor de su ira.

NUSJA SHENIAH

«No sea –como esto– sobre vosotros, a todos los que pasan por el camino». Lo que está escrito: «todos los que pasan por el camino», se refiere a las generaciones, tal como surge de lo que está escrito: «¿Acaso no habéis preguntado a los que pasan por los caminos?» (Job 21, 29). Y la explicación es que no ocurrirá en otra generación lo que ocurrió en la generación de Sedequías –Tzidkiahu–. Desde el día en que los hijos de Israel salieron de Egipto hasta la generación de Sedequías, no hubo generación que no pecase, como está dicho: «Desde el día en que vuestros ancestros salieron de la tierra de Egipto hasta hoy, y os he enviado a todos mis siervos, los profetas, enviándolos temprano cada día. Y no me escucharon, ni inclinaron su oído, sino que endurecieron su cerviz; actuaron peor que sus ancestros» (Jeremías 7, 25-26). Y en todas las generaciones no fue destruido el Templo Sagrado, sino en la generación de Sedequías. Y a esto se refiere lo que fue enseñado por los sabios: Sedequías bebió la borra de todas las generaciones. «Observad y ved si hay dolor como mi dolor que me ha venido –*holal*–». La explicación es: «que me ha hecho». Porque toda vez que la expresión *holal* está escrita sin la letra *tav,* tal como: «Toda la maldad de ellos vendrá ante ti, y harás *–holel–* con ellos tal como has hecho *–holalta–* conmigo» (Lamentaciones 1, 22), es una expresión que indica hecho *–maasé–* y es un lenguaje que indica acción *–peula–*. Y si está escrita con la letra *tav,* tal como: «Y para que cuentes a tus hijos y a los hijos de tus hijos las cosas que yo hice *–hitalalti–* en Egipto, y mis señales que hice entre ellos, y sepáis que yo soy el Eterno» (Éxodo 10, 2), es lenguaje de risa. (Por lo tanto, la cita mencionada debe entenderse así: «Yo me reí *–hitalalti–* en Egipto»). Y así: «Cuando se rio *–hitalel–* de ellos» (I Samuel 6, 6), y asimismo: «Y se rio *–hitalelu–* de ella» (Jueces 19, 25), y: «Y me traspasaron y se rieron *–hitalelu–* de mi» (I Samuel 31 4), todos son lenguajes de risa.

**יג. ממרום שלח-אש בעצמותיי, וירדנה; פרש רשת לרגליי, השיבני אחור--נתנני שוממה, כל-היום דווה.**

**13. «Ha enviado fuego de lo Alto a mis huesos, y los quebrantó** *–vairdená–»*. La explicación es que el Santo, Bendito Sea, ha enviado fuego de lo Alto a mis huesos, y ejerció dominio sobre mis huesos *–vairdená–*. Porque la expresión *vairdená* significa «ejercer dominio». Y se le asemeja lo que está escrito: «El Eterno ejerció dominio *–iarad–* por mí contra los poderosos» (Jueces 5, 13). **«Ha tendido una red a mis pies».** Se refiere a los enemigos que vinieron contra mí. **«Me hizo volver atrás».** Es decir, los enemigos me prendieron y el Santo, Bendito Sea, me hizo volver atrás. **«Me ha dejado asolada, todo el día apenada».**

NUSJA SHENIAH

«Ha enviado fuego de lo Alto a mis huesos, y los quebrantó *–vairdená–»*. La explicación es ésta: me ha enviado fuego de lo Alto y lo adhirió a mis huesos. Como: «Y adhirió *–vaiared–* el oro a los querubines y a las palmeras» (I Reyes 6, 32). Y así en el lenguaje de la Mishna: «*Harodé* pan en el horno». La explicación es: el que adhiere pan en el horno.

יד. נשקד עול פשעיי בידו, ישתרגו עלו על-צווארי--
הכשיל כוחי; נתנני אדוניי, בידי לא-אוכל קום.

**14. «El yugo de mis insubordinaciones ha sido arrastrado** *–niskad–* **por su mano».** La expresión *niskad* se refiere a direccionar con la aguijada. Tal como consta en el Midrash: «levantó la aguijada contra ese animal» (Midrash Vaikra Raba 29, 7). «El yugo de mis insubordinaciones». A esto se refiere lo que está escrito: «Y la iniquidad *–olata–* cerró su boca» (Job 5, 16). (La expresión *olata* comparte raíz con *ol,* qué significa «yugo»). Y considerando lo mencionado, la explicación de: «El yugo de mis insubordinaciones ha sido arrastrado por su mano», es que contempla y observa todos mis pecados y todo es recordado y está en su mano. **«Se expandieron** *–istargu–,* **ascendieron a mi cuello, debilitó mis fuerzas».** Las insubordinaciones se multiplicaron y expandieron hasta que se convirtieron en barras *–sriguim–* y ascendieron sobre mi cuello y debilitaron mi fuerza. (Y a continuación está escrito:) **«El Eterno me entregó en manos contra las cuales no me podré levantar».**

טו. סילה כל-אביריי אדוניי בקרבי, קרא עליי מועד
לשבור בחוריי; גת דרך אדוניי, לבתולת בת-יהודה.

**15. «El Señor holló** *–silá–* **a todos mis valientes en mi interior».** La expresión *silá* está vinculada con lo que se manifiesta en la cita que declara «y fue apartado del mal –tenido por– enloquecido *–mishtolel–*» (Isaías 59, 16). (La expresión *mishtolel* puede leerse también *mistolel* que comparte raíz con *silá).*[5] Y la explicación es que se pisa tal como un sendero sobre el cual todos pisan sobre él. Y también aquí, la explicación de *silá* es que se refiere al hollado, porque fue hollada por todos los valientes y la convirtieron en

5. Y además, la letra *shin* de la palabra *mishtolel* es alveolar, al igual que la letra *samej*. Y dado que ambas letras tienen el mismo origen bucal, se intercambian entre sí, y por eso, es posible escribir la expresión *mishtolel* con la letra *samej.* Así pues, la expresión *mishtolel* comparte raíz con *mesilá,* que significa «sendero».

como si fuese polvo para pisar. **«Llamó plazo contra mí».** Convocó a las tropas para venir contra mí, **«para quebrantar a mis jóvenes».** A continuación, está escrito: **«El Eterno ha pisado cual lagar».** Es una expresión de matanza y hollado; tal como lo que se menciona en la cita que manifiesta: «Yo solo he pisado el lagar» (Isaías 63, 3). Y tal como está escrito: «como tu pisado –de uvas– en el lagar» (Isaías 63, 2). **«A la virgen hija de Judá».** El pueblo de Judá que se asemeja a una virgen que reside sosegadamente, cuya planta de su pie no probó el asentarse sobre la tierra (*véase* Deuteronomio 28, 56).

**טז. על-אלה אני בוכייה, עיני עיני יורדה מים--כי-רחק ממני מנחם, משיב נפשי; היו בניי שוממים, כי גבר אויב.**

**16. «Por eso yo lloro, mi ojo, mi ojo destila agua».** La duplicación del lenguaje enseña que no había tregua. **«Porque se alejó de mí el que consuela, para apaciguar mi alma; mis hijos fueron asolados, porque el enemigo ha prevalecido».**

NUSJA SHENIAH

«Por eso yo lloro, mi ojo, mi ojo destila agua, porque se alejó de mí el que consuela, para apaciguar mi alma». Es como si dijera todos los reproches mencionados anteriormente. Si hubiese un hombre que pudiera consolarme, me hubiese consolado; pero por eso yo lloro, porque se ha alejado de mí un consolador. Porque mi dolor ha aumentado tanto que no hay hombre que pueda consolarme para apaciguar mi alma, tal como está dicho acerca del asunto: «¿Qué testimonio te traeré o con quién te compararé, hija de Jerusalén? ¿Con quién te cotejaré para consolarte, virgen hija de Sion? Porque tu quebranto es grande como el mar, ¿quién te sanará?» (Lamentaciones 2, 13).

יז. פירשה ציון בידיה, אין מנחם לה--ציווה יהוה ליעקוב, סביביו צריו; הייתה ירושלים לנידה, ביניהם.

**17. «Sion extendió** *–persá–* **sus manos».** La expresión *persá* significa «cortar» –y «extender»–, como está escrito: «*Pros* tu pan para el pobre» (Isaías 58, 6), cuya explicación es: corta tu pan para el pobre. Y asimismo: «No cortarán *–ifresu–* pan por ellos en el duelo, para consolarlos por un muerto» (Jeremías 16, 7). Y se explicó que no corten pan en el duelo para dar de comer la comida denominada *lehabri,* por su muerto, para consuelo. **«Sin que hubiera quien la consolara, porque el Eterno ordenó contra Jacob que sus enemigos estuviesen en derredor de ella; Jerusalén fue apartada entre ellos».**

NUSJA SHENIAH

«Porque el Eterno ordenó contra Jacob que sus enemigos estuviesen en derredor de ella». La explicación es que el Eterno ordenó contra Jacob que todos sus vecinos que estaban en su derredor lo rodearan. «Jerusalén fue apartada entre ellos». Fueron despreciados y humillados ante todas las naciones como la impureza de la menstruante.

יח. צדיק הוא יהוה, כי פיהו מריתי; שמעו-נא כל-העמים, וראו מכאובי--בתולותיי ובחוריי, הלכו בשבי.

**18. «El Eterno es justo, porque me rebelé contra** –la palabra de– **su boca; oíd ahora todos los pueblos y observad mi dolor, mis vírgenes y mis jóvenes han sido llevados en cautiverio».**

NUSJA SHENIAH

«El Eterno es justo, porque me rebelé contra –la palabra de– su boca; oíd ahora todos los pueblos y observad mi dolor, mis vírgenes y mis jóvenes han sido llevados en cautiverio». Esta lamentación se refiere a Israel, habla en lugar de Israel, como un enviado que habla en lugar de aquel que lo envió. Es como si los de Israel dijesen: es justo todo lo que viene sobre mí. Porque por el pecado con que me rebelé contra –la palabra de– su boca, vinieron contra mí todos estos reproches.

**יט. קראתי למאהביי המה רימוני, כוהניי וזקניי בעיר גוועו: כי-ביקשו אוכל למו, וישיבו את-נפשם.**

**19. «Clamé a quienes me amaban, y ellos me engañaron».** Los pueblos a los que me apegué con amor, por ejemplo, los hijos de Asiria y los hijos de Babilonia, tal como dijo el profeta: «Quiso a los hijos de Asiria» (Ezequiel 23, 12). Y lo mismo con los hijos de Babilonia, ellos me hicieron más mal que todos los pueblos.[6] **«Mis sacerdotes y mis ancianos fallecieron en la ciudad, porque buscaban comida para apaciguar sus almas** –existenciales–.

NUSJA SHENIAH

«Clamé a quienes me amaban, y ellos me engañaron». La explicación es ésta: los pueblos a los que me apegué con amor: Egipto y Asiria. Egipto, como está escrito: «Y te prostituiste con los hijos de Egipto» (Éxodo 16, 26). Y está escrito: «Quiso a los hijos de Asiria» (Ezequiel 23, 12). A ellos clamé para que me ayudaran y ellos me engañaron, porque no me ayudaron, como está dicho acerca del asunto: «Nuestros ojos aún se consumían esperando en vano ayuda –de otros–; nuestra esperanza estaba puesta en un pueblo que no había en él salvación» (Lamentaciones 4, 17).

6. *Véase* Ezequiel 23, 23.

כ. ראה יהוה כי-צר-לי, מעיי חומרמרו--נהפך ליבי בקרבי, כי מרה מריתי; מחוץ שיכלה-חרב, בבית כמוות.

**20. «El Eterno observa porque estoy afligida, mis entrañas arden** *–jamarmarú–».* Tal como fue estudiado: «*Nejmarú* las entrañas de ella».[7] Y la explicación es que sus entrañas ardieron. **«Mi corazón se perturba en mi interior, porque ciertamente me he rebelado; por fuera acometió la espada, en la casa** –la aflicción es dura– **como la muerte».**

NUSJA SHENIAH

«En la casa –la aflicción es dura– como la muerte». La explicación es ésta: en el interior hay temor de muerte, tal como lo que se declara en el versículo que manifiesta: «Por afuera, la espada los atormentará, y dentro, habrá temor» (Deuteronomio 32, 25).

כא. שמעו כי נאנחה אני, אין מנחם לי--כל-אויביי שמעו רעתי ששו, כי אתה עשית; הבאת יום-קראת, ויהיו כמוני.

**21. «Oyeron que yo gemía, y no hay quien me consuele, todos mis enemigos oyeron mi mal, y se contentaron porque tú has hecho».** De ti surgió la causa y por eso se alegraron, porque el decreto fue sentenciado por ti. Otra explicación: «porque tú has hecho»: tú has provocado que me odien, porque me has apartado de sus comidas y de sus bebidas y de casarme con ellos, porque si me hubiese casado con ellos se apiadarían de sus hijas. **«Harás que venga el día que has anunciado».** Desde hace ya varios años has anunciado a través de una voz celestial que Nabucodonosor vendría sobre Jerusalén y la destruiría. Dijo rabí

7. *Véase* Talmud, tratado de Julín 56a.

Levi: 18 años esa voz celestial estuvo pronunciándose en la casa de ese malvado y le decía: «Siervo malo, levántate y destruye la casa de tu amo, porque los hijos de tu amo no le oyen». **«Y serán como yo».** Y ahora trae sobre ellos ese día de castigo, el cual has enunciado vendría sobre ellos en el futuro, y serán como yo, es decir, así como yo estoy asolada, del mismo modo ellos estarán asolados.

**כב. תבוא כל-רעתם לפניך ועולל למו, כאשר עו־**
**ללת לי על כל-פשעיי: כי-רבות אנחותיי, וליבי דווי.**

**22. «Toda la maldad de ellos»,** los enemigos, **«vendrá ante ti, y harás con ellos tal como has hecho conmigo»,** les harás a ellos tal como has hecho conmigo, **«por todas mis insubordinaciones; porque mis gemidos son muchos y mi corazón está apenado».**

NUSJA SHENIAH

«Toda la maldad de ellos vendrá ante ti». Y no has de borrar sus pecados ante ti. «Y harás con ellos tal como has hecho conmigo por todas mis insubordinaciones». Un dolor que no es comparable con ningún otro dolor, tal como está escrito anteriormente: «No sea –como esto– sobre vosotros, a todos los que pasan por el camino; observad y ved si hay dolor como mi dolor que me ha venido; pues el Eterno me ha afligido en el día del ardor de su ira» (Lamentaciones 1, 12). Así harás con ellos, un dolor tan grande que no lo podrán comparar con ningún otro dolor. «Porque mis gemidos son muchos y mi corazón está apenado». Es habitual en el mundo que a una persona que le duele uno de sus miembros, los demás miembros no lo sientan ni les duela tanto, pero cuando el corazón está apenado todo el cuerpo está apenado, y no hay dolor como el dolor del corazón.

# II

## א. איכה יעיב באפו אדוניי, את-בת-ציון–השליך משמיים ארץ, תפארת ישראל; ולא-זכר הדום-רג־ליו, ביום אפו.

**1. «¡Cómo oscureció** *–iahiv–* **el Eterno en su ira a la hija de Sion!».** La explicación de «cómo *iahiv*», es «cómo oscureció», del término *avim,* que significa «nubes» –que oscurecen el cielo–. **«Arrojó el esplendor de Israel del cielo a la tierra; y en el día de su ira no se acordó del estrado de sus pies».** Se refiere al Templo Sagrado que es el estrado de sus pies, tal como dijo el profeta Isaías: «–El Señor estaba sentado sobre un trono alto y supremo– y su extremo *–shulav–* llenaba el Templo» (Isaías 6, 1). Y los sabios eruditos explicaron que él estaba sentado sobre un trono elevado y supremo, y sus pies llenaban el Templo; es decir, era tan elevado que en los cielos dispuso su trono y el estrado de sus pies llega hasta el Templo de lo bajo. Y asimismo el profeta Isaías dijo: «El cielo es mi trono, y la tierra estrado de mis pies» (Isaías 66, 1). Y –el sabio– Yeonatan explicó que se refiere al Templo Sagrado.

ב. בילע אדוניי ולא חמל, את כל-נאות יעקוב–
הרס בעברתו מבצרי בת-יהודה, הגיע לארץ; חילל
ממלכה, ושריה.

**2.** «El Eterno consumió y no perdonó; en su ira destruyó todas las moradas de Jacob, a las fortalezas de la hija de Judá derribó a tierra, humilló al reino y a sus ministros».

ג. גדע בחורי-אף, כול קרן ישראל–השיב אחור
ימינו, מפני אויב; ויבער ביעקוב כאש להבה, אכלה
סביב.

**3. «En el ardor de su ira tronchó toda la gloria de Israel; volvió atrás su diestra».** Es decir, su diestra que hasta entonces protegía a Israel de las naciones, como está dicho: «Tu diestra, el Eterno, ha sido magnificada en poder; tu diestra, el Eterno, destruye al enemigo» (Éxodo 15, 6), ahora estaba situada en dirección opuesta. «Volvió atrás su diestra», es decir, volvió su mano –y se abstuvo– de ayudarlos tal como era habitual en el pasado, **«frente al enemigo, y se encendió en Jacob como llama de fuego ardiente que consumió en derredor».**

NUSJA SHENIAH

«En el ardor de su ira tronchó toda la gloria de Israel». La gloria de Israel, la gloria del sacerdocio, la gloria de los levitas, la gloria del reinado, la gloria de la profecía, la gloria de la Torá. «Volvió atrás su diestra frente al enemigo». Su diestra, que hasta entonces protegía a Israel de las naciones, como está dicho: «Tu diestra, el Eterno, ha sido magnificada en poder; tu diestra, el Eterno, destruye al enemigo» (Éxodo 15, 6), entonces estaba situada en dirección opuesta, pues no los ayudó contra la espada del enemigo.

ד. דרך קשתו כאויב, ניצב ימינו כצר, ויהרוג, כול מחמדי-עין; באוהל, בת-ציון, שפך כאש, חמתו.

**4. «Tensó su arco como enemigo, alzó su diestra como adversario».** Su diestra, que les era de ayuda, se invirtió para ellos en mal. **«Y exterminó todo lo deseable al ojo; derramó su ira como fuego en la tienda de la hija de Sion».**

NUSJA SHENIAH

«Tensó su arco como enemigo, alzó su diestra». Para lanzar la flecha, tal como el adversario, que coge el arco con su izquierda y lanza la flecha con su mano derecha, semejante a lo que está dicho: «Y golpearé tu arco en tu mano izquierda, y haré caer tus flechas de tu mano derecha» (Ezequiel 39, 3).

ה. היה אדוניי כאויב, בילע ישראל–בילע כל-ארמנותיה, שיחת מבצריו; וירב, בבת-יהודה, תאניה, ואנייה.

**5. «El Señor fue como enemigo, consumió a Israel, consumió todos sus palacios, destruyó sus fortalezas; y aumentó** *–vaierev–* **en la hija de Judá».** –Los sabios– explicaron que la expresión *vaierev* indica aumento, tal como: «el pueblo aumentó *–vairev–*» (Éxodo 1, 20), es decir: y aumentó en la hija de Judá **«lamento y aflicción».**

ו. ויחמוס כגן שוכו, שיחת מועדו; שיכח יהוה בציון מועד ושבת, וינאץ בזעם-אפו מלך וכוהן.

**6. «Y tronchó** *–vaiajmos–* **su tienda como** –se corta la maleza de– **un jardín, destruyó su** –sitio de reunión en el– **plazo; el Eterno**

**hizo olvidar los plazos y los días de reposo en Sion, y en el ardor de su ira aborreció al rey y al sacerdote».** La expresión *vaiajmos* significa –también– descubrió, (como está escrito: «descubrirá *–iajmos–* su agraz como la vid» – Job 15, 33).

NUSJA SHENIAH

«Y tronchó *–vaiajmos–* su tienda como –se corta la maleza de– un jardín». La explicación es que descubrió Sion que era su tienda, como está escrito: «Su tienda estará en Shalem, y su morada en Sion» (Salmos 76, 3). Como ese huerto que está abierto y descubierto después de que fueron recogidos sus frutos. La expresión: *vaiajmos* significa «descubrir». «Los sacerdotes descubrieron *–jamsu–* mi Torá» (Ezequiel 22, 26). Cuya explicación es que descubrieron la faz de la Torá no según la ley. «Destruyó su –sitio de reunión en el– plazo». La explicación es que desde el día en que tronchó su tienda como –se corta la maleza de– un jardín, desde ese día en adelante, destruyó su –sitio de reunión en el– plazo. «El Eterno hizo olvidar los plazos y los días de reposo en Sion». Porque desde que el Templo Sagrado fue destruido se anularon los que ascendían para las festividades.

**ז. נח אדוניי מזבחו, ניאר מקדשו–הסגיר ביד-אויב, חומות ארמנותיה; קול נתנו בבית-יהוה, כיום מועד.**

**7. «El Señor apartó *–nier–* su altar, anuló su Templo Sagrado».** La expresión *nier* significa «apartado» y «alejado», como está escrito: «Has apartado *–niarta–* el pacto de tu siervo» (Salmos 89, 40). **«Entregó las murallas de sus palacios en manos del enemigo; dieron voces en la casa del Eterno como día festivo».**

NUSJA SHENIAH

«El Señor apartó su altar», desde que el Templo Sagrado fue destruido. «Anuló *–nier–* su Templo Sagrado». La expresión *nier* significa «anular», como: «Anulaste *–nearta–* el pacto de tu siervo» (Salmos 89, 40). «Entregó las murallas de sus palacios en manos del enemigo; dieron voces en la casa del Eterno como día festivo». Los enemigos dieron voces en la casa del Eterno y alabanza el día en que entraron en él para destruirlo, como el día festivo en que los levitas cantaban en él, y daban voces de agradecimiento y alabanza. Como está escrito: «Recuerdo estas cosas, y mi alma se derrite dentro de mí: cuando fui con la multitud dando pasos pequeños hasta la casa de Dios, con voces de alabanza y agradecimiento de la multitud que festejaba» (Salmos 42, 5).

ח. חשב יהוה להשחית, חומת בת-ציון—נטה קו, לא-השיב ידו מבלע; ויאבל-חיל וחומה, יחדיו אומללו.

**8. «El Eterno decidió destruir la muralla de la hija de Sion, tendió la línea».** Tendió sobre ellos el atributo del juicio. **«No volvió su mano de la destrucción; y fueron destruidos la muralla y el muro, fueron tronchados** *–umlalu–* **juntos».** La expresión *umlalu* indica que interrumpieron. Y así ocurre en todo lugar con el término *umlal,* tal como fue explicado, que significa «interrupción». Y asimismo: «Y la flor del Líbano cesó *–umlal–*» (Nahum 1, 4). Se interrumpió y marchitó, dejando de dar fruto como era habitual. Y asimismo: «Y la de muchos hijos cesó *–umlala–*» (I Samuel 2, 5). Cesó de engendrar y no engendró más.

NUSJA SHENIAH

«El Eterno decidió destruir la muralla de la hija de Sion». La explicación es que cuando decidió destruir la muralla de la hija de Sion, y formuló el decreto sobre ella, no se retractó del mal que decidió, de destruir, y no volvió su mano de la destrucción. Porque encontramos en varios lugares que los decretos que él decreta se anulan, como el caso de Nínive, como está escrito: «Y Dios vio sus acciones, que se volvieron de su mal camino; y se retractó del mal que había dicho les haría, y no hizo» (Jonás 3, 10). Pero aquí, cuando decidió en su corazón destruir la muralla de la hija de Sion: «tendió la línea». Es decir, decretó sobre ella decretos de destrucción, tal como: «Y tendió sobre ella la línea de *tohu*» (Isaías 34, 11). Y la explicación es que decretó sobre ella decreto de destrucción. Y asimismo: «Y tendí sobre Jerusalén la línea de Samaria» (II Reyes 21, 13). Y la explicación es que decretó sobre ella el decreto de Samaria. «No volvió su mano de la destrucción». La explicación es que no se volvió de ese decreto. «Y fueron destruidos la muralla y el muro». Se refiere a la muralla, y la muralla interior.

**ט. טבעו בארץ שעריה, איבד ושיבר בריחיה; מלכה ושריה בגוים, אין תורה–גם-נביאיה, לא-מצאו חזון מיהוה.**

**9. «Sus portales se hundieron en la tierra, destruyó y quebró sus cerrojos; su rey y sus ministros estuvieron entre las naciones sin Torá».** Es decir, no se podían ocupar de la Torá en el exilio por la pobreza y por la mucha labor. **«Y tampoco sus profetas hallaron visión del Eterno».** Desde el día en que fueron exiliados.

NUSJA SHENIAH

«Sus portales se hundieron en la tierra». Desde el día en que se interrumpieron los corredores y la muralla de ella, sus portales se hundieron en la tierra. «Destruyó y quebró sus cerrojos». Porque toda ciudad cuyas murallas fueron destruidas, también sus portales y sus cerrojos, ¿para qué? No hay persona que les preste atención para levantarlas, y por consiguiente, se destruyen y se quiebran. «Su rey y sus ministros estuvieron entre las naciones sin Torá». La explicación es que desde el día en que fueron exiliados el rey y sus ministros entre las naciones, la Torá no se cumple en Israel. Porque desde ese día fueron anulados todos los preceptos que dependen de la tierra. Y también los de las naciones decretan sobre ellos decretos para anular la Torá. «Y tampoco sus profetas hallaron visión del Eterno». Porque desde los días de Hageo, Zacarías y Malaquías, se interrumpió la profecía de Israel.

**י. יישבו לארץ יידמו, זקני בת-ציון--העלו עפר על-ראשם, חגרו שקים; הורידו לארץ ראשן, בתולות ירושלים.**

**10. «Los ancianos de la hija de Sion se sentaron en la tierra en silencio, colocaron polvo sobre sus cabezas, se ciñeron de arpillera; las vírgenes de Jerusalén hicieron caer sus cabezas a tierra».**

NUSJA SHENIAH

«Los ancianos de la hija de Sion se sentaron en la tierra en silencio». Está escrito: «Y prendieron al rey, y lo llevaron al rey de Babilonia en Ribla, y pronunciaron juicio contra él» (II Reyes 25, 6). Y rabí Menajem hijo de rabí Jelbo el anciano explicó: debido a que el rey de Babilonia aprendió a –el rey– Sedequías en las llanuras de Jericó, en ese momento cegó sus ojos (tal como está escrito a continuación, en el versículo siguiente). E hizo esto para traerlo a Babilonia ciego, para que se cumpliera lo que está dicho: «Y lo llevaré a Babilonia, a tierra de caldeos, y no la verá, y allí morirá» (Ezequiel 12, 13). Ni bien llegó a Babilonia, envió y trajo a los ancianos de Jerusalén ante él. Dijo: «En vuestra Torá está escrito: "Cuando un hombre hiciere una promesa al Eterno o realizare un juramento imponiéndose una prohibición a sí mismo, no profanará su palabra; hará según todo lo que saliere de su boca" (Números 30, 3). ¿Acaso ningún hombre puede anular su juramento?». Le respondieron: «Él no anula, pero otros anulan por él». Les dijo: «Siendo así, vosotros habéis anulado por Sedequías el juramento con el que lo he hecho rey y le hice jurar que no se revelará contra mí. Y despreció mi juramento y anuló mi pacto y se rebeló contra mí». Inmediatamente sentenció un decreto y lo dispusieron en la tierra y decretó que lo mataran, como está escrito: «Los ancianos de la hija de Sion se sentaron en la tierra en silencio».

**יא. כלו בדמעות עיניי, חומרמרו מעיי–נשפך לארץ כבדי, על-שבר בת-עמי: ביעטף עולל ויונק, ברחו־בות קריה.**

**11. «Mis ojos se consumieron en lágrimas, mis entrañas ardieron, mi hígado se derramó en tierra, por el quebranto de la hija de mi pueblo; porque el niño y el bebé desfallecían en las calles de la ciudad».**

**יב. לאימותם, יאמרו, איה, דגן ויין: בהתעטפם כחלל, ברחובות עיר–בהשתפך נפשם, אל-חיק אימותם.**

**12.** «–Los hijos– **decían a sus madres: ¿Dónde hay trigo y vino? Cuando estaban echados en las calles de la ciudad como muertos, derramándose sus almas en el regazo de sus madres».**

**יג. מה-אעידך מה אדמה-לך, הבת ירושלים–מה אשווה-לך ואנחמך, בתולת בת-ציון: כי-גדול כים שברך, מי ירפא-לך.**

**13. «¿Qué testimonio te traeré o con quién te compararé, hija de Jerusalén? ¿Con quién te cotejaré para consolarte, virgen hija de Sion? Porque tu quebranto es grande como el mar, ¿quién te sanará?».** (Explicación: «¿Con quién te cotejaré para consolarte?») para poder decirte: he aquí que a tal nación le ocurrió como te ha ocurrido a ti. Porque no hay nación a la que le ha ocurrido tal como te ocurrió a ti, para que la veas y te consueles. ¿Y quién te ha provocado todo este mal?

יד. נביאייך, חזו לך שוא ותפל, ולא-גילו על-עוונך, להשיב שבותך; ויחזו לך, משאות שוא ומדוחים.

**14. «Tus –falsos– profetas visualizaron para ti falsedad y vanidad».** Tal como dijo Ezequiel: «Di: no revoquéis con barro suelto *–tafel–* porque caerá» (Ezequiel 13, 11). *Tafel* es material que no contiene mezcla de cal, y no se adhiere a la pared, sino que hoy revocan la pared con él y mañana sopla un fuerte viento y lo hace caer; aquí también tus profetas vieron para ti falsedad y vanidad *–tafel–*, porque vieron para ti profecías de visiones vanas, diciendo: «tendréis paz». **«Y no descubrieron tu pecado».** No descubrieron tu futuro, para revelarte que tu futuro será amargo. **«Para hacerte volver en arrepentimiento».** Como está escrito: «Y el Eterno, tu Dios, regresará tu cautiverio y tendrá misericordia de ti, y regresará y te reunirá de entre todos los pueblos en los que el Eterno, tu Dios, te dispersó allí» (Deuteronomio 30, 3). **«Y visualizaron para ti visiones vanas y destierro** *–madujim–***».** Porque os apartaron *–hidiju–* de los caminos del Omnipresente.

טו. ספקו עלייך כפיים, כל-עוברי דרך–שרקו ויניעו ראשם, על-בת ירושלים: הזאת העיר, שיאמרו כלילת יופי–משוש, לכל-הארץ.

**15. «Todos los que pasaban por el camino agitaron las palmas** –de las manos– **sobre ti; silbaron** *–sharkú–*». Como: «Se asombrará y silbará *–ishrok–*» (Jeremías 19,8), **«y menearon sus cabezas sobre la hija de Jerusalén, y dijeron: ¿Ésta es la ciudad de la cual decían es coronada de hermosura y el regocijo de toda la tierra?».**

«Todos los que pasaban por el camino agitaron las palmas –de las manos– sobre ti». Cuando el Templo Sagrado estaba en pie, el decreto no era contra Israel solamente, sino contra todas las naciones. Porque cuando un pueblo clamaba a su dios, no le respondía, y no lo salvaba de su aflicción, y entonces maldecía a su rey y a su dios y se dirigía a lo Alto. Y entonces venía al Templo Sagrado y era respondido, tal como está escrito: «Asimismo el extranjero, que no es de tu pueblo Israel, el cual viniere de tierra lejana en aras de tu nombre. Pues oyere de tu gran nombre, de tu mano fuerte y de tu brazo extendido, y viniere a rezar a esta casa. Tú oirás desde los cielos, el lugar de tu morada, y harás conforme a todo aquello por lo cual el extranjero hubiere clamado a ti, para que todos los pueblos de la tierra conozcan tu nombre, para temerte, como tu pueblo Israel, y sepan que tu nombre es invocado sobre esta casa que he edificado» (I Reyes 8, 41-43). Por eso, todos los pueblos decían de Jerusalén: «Ésta es la ciudad de la cual decían es coronada de hermosura y el regocijo de toda la tierra». Y cuando fue destruida todos los pueblos sufrían, como está escrito: «Y esta casa era suprema, todo el que pase por ella se asombrará, y silbará, y dirá: "¿Por qué el Eterno ha hecho así a esta tierra y a esta casa?"» (I Reyes 9, 8). Pero los enemigos, que eran los pueblos que residían en los rededores de la tierra de Israel, se alegraban. Como está escrito: «Todos tus enemigos abrieron ampliamente su boca contra ti, silbaron y rechinaron los dientes, y dijeron: "Los devoramos, éste es el día que hemos esperado, lo hemos hallado, lo hemos visto"» (Lamentaciones 2, 16).

## טז. פצו עלייך פיהם, כל-אויבייך–שרקו ויחרקו-שן, אמרו בילענו; אך זה היום שקיווינוהו, מצאנו ראינו.

**16. «Todos tus enemigos abrieron ampliamente su boca».** ¿Por qué se mencionó la boca antes que el ojo? Porque ellos decían con la boca lo que no vieron con el ojo, por eso se anticipó la boca al ojo. **«Contra ti, silbaron y rechinaron los dientes, y dijeron: "Los devoramos, éste es el día que hemos esperado, lo hemos hallado, lo hemos visto"».**

**יז. עשה יהוה אשר זמם, ביצע אמרתו אשר ציווה מימי-קדם—הרס, ולא חמל; וישמח עליך אויב, הרים קרן צריך.**

**17. «El Eterno hizo** *–batza–* **lo que pensó, cumplió lo que dijo, lo que ordenó desde tiempos de antaño».** Completó su palabra que decretó en los días de antaño. Porque el decreto estaba decretado desde los días de Moisés, como está dicho: «Y asolaré vuestros santuarios» (Levítico 26, 31). La explicación de la expresión *batza* es completó, como está escrito: «Acontecerá cuando el Señor hubiere completado *–ibatza–* toda su obra» (Isaías 10, 12). «**Destruyó, y no se apiadó, y el enemigo se alegró sobre ti; encumbró el poder de tus adversarios».**

NUSJA SHENIAH

«El Eterno hizo lo que pensó». Aunque en varios lugares se volvió del decreto que decretó, aquí hizo conforme a lo que pensó. «Cumplió lo que dijo, lo que ordenó desde tiempos de antaño». Completó su palabra acerca de lo que decretó en los días de antaño, porque el decreto ya estaba sentenciado desde los días de Moisés, como está dicho: «Y asolaré [...]» (Levítico 26, 31).

**יח. צעק ליבם, אל-אדוניי; חומת בת-ציון הורידי כנחל דמעה, יומם ולילה—אל-תיתני פוגת לך, אל-תידום בת-עינך.**

**18. «El corazón de ellos clama al Señor;** –tú– **muralla de la hija de Sion, haz descender lágrimas día y noche como arroyo».** Al comienzo no clamaron a mí desde –lo profundo de– sus corazones, pero al venir a ellos aflicción y angustia: «El corazón de ellos clama al Señor». **«No te des descanso** *–fugat–,* **y no cesen las pupilas de tus ojos».** *Fugat* es una expresión que indica cesado, como está escrito: «Mis ojos derraman –lágrimas– constantemente, sin cesar» (Lamentaciones 3, 49).

NUSJA SHENIAH

«El corazón de ellos clamaba al Señor». Ahora, en el exilio, el corazón de ellos clamaba al Eterno. Y si el corazón de ellos hubiese clamado a él estando asentados en su tierra, con sosiego, antes de ser exiliados, no hubiesen sido exiliados ni necesitado clamar en el exilio.

**יט. קומי רוני בלילה, לראש אשמורות–שפכי כמים ליבך, נוכח פני אדוניי; שאי אליו כפייך, על-נפש עוללייך–העטופים ברעב, בראש כל-חוצות.**

**19. «Levántate, alaba en la noche** *–laila–».* Está escrito *leil,* (los sabios enseñaron que *leil* se refiere a la primera mitad de la noche). Es decir, en la noche *–leil–* del 9 de Av recuérdame cada año y año.[8] «Alaba *–roni–».* Así como se denomina *ron* a cuando las personas elevan sus voces y alaban cuando se alegran, del mismo modo se denomina *ron* a cuando las personas elevan su voz en el llanto. Porque *ron* es un término colectivo que se aplica a la alegría y también a las lamentaciones, como está escrito: «Y la *rina* pasó por el campamento» (I Reyes 22, 36). **«Al comienzo de las guardias, derrama como agua tu corazón ante la presencia del Señor; eleva tus manos a él por el alma existencial de tus retoños, que desfallecen de hambre a la cabeza de todas las entradas».**

---

8. 9 de Av es la fecha en la cual fue destruido el primer Templo Sagrado y también el segundo.

כ. ראה יהוה והביטה, למי עוללת כה: אם-תאכלנה נשים פריים עוללי טיפוחים, אם-ייהרג במקדש אדוניי כוהן ונביא.

**20. «El Eterno mira y observa a quién has hecho así, pues, ¿ocurrió algo como esto, que las mujeres coman el fruto de sus entrañas, los retoños criados por ellas? ¿Han de morir en el Templo Sagrado del Señor el sacerdote y el profeta?».** Es decir, ¿se ha oído un pueblo que sus mujeres comieren el fruto de sus vientres hinchados tal como las mujeres misericordiosas que cocieron a sus niños el día del quebrantamiento? ¿O vio que se asesinara en el Santuario del Eterno sacerdote y profeta tal como fueron asesinados los sacerdotes en su servicio?

כא. שכבו לארץ חוצות נער וזקן, בתולותיי ובחוריי נפלו בחרב; הרגת ביום אפך, טבחת לא חמלת.

**21. «Jóvenes y ancianos yacían acostados en la tierra de las calles; mis vírgenes y mis mozos cayeron a espada, has matado en el día de tu ira, has degollado y no te has apiadado».**

כב. תקרא כיום מועד מגוריי מסביב, ולא היה ביום אף-יהוה פליט ושריד: אשר-טיפחתי וריביתי, אויבי כילם.

**22. «Has llamado a los que moran en mi derredor a congregarse como en un día de fiesta».** Has de llamar a congregación para quebrantar a los pueblos que moraban en mi derredor como el día de congregación que has llamado contra mí para quebrantar a mis jóvenes. **«Y en el día de la ira del Eterno no hubo quien se salvara ni sobreviviera, a quienes he criado y hecho crecer, mi enemigo los exterminó».** A quienes he criado palmo a palmo, y aumenté la venida de mi enemigo, y los exterminó.

# III

## א. אני הגבר ראה עוני, בשבט עברתו.

**1. «Yo soy el hombre que vio la aflicción** –generada– **con la vara de su ira».** Es decir, así me he de asemejar: es posible que toda persona diga: este hombre vio la aflicción –generada– con la vara de su ira, del Santo, Bendito Sea, de –entre– todos los profetas que profetizaron la destrucción del Templo Sagrado. Porque muchos profetas profetizaron la destrucción del Templo Sagrado, y el Templo Sagrado no fue destruido en los días de ninguno de ellos, sino en mis días.

NUSJA SHENIAH

«Yo soy el hombre que vio la aflicción –generada– con la vara de su ira». La explicación es: yo soy el hombre golpeado con la vara de su ira, con reproches airados, y no con reproches de amor; con vara que destruye la piel, y la carne, y quiebra el hueso, como se específica más adelante: «Deterioró mi carne y mi piel, y quebrantó mis huesos» (Lamentaciones 3, 4). Y no con la vara con que un hombre castiga a su hijo. Así dijo Jeremías. «Es posible que toda persona diga acerca de mí: este hombre vio la aflicción –generada– con la vara de su ira, del Santo, Bendito Sea, de –entre– todos los profetas que profetizaron la destrucción del Templo Sagrado. Porque muchos profetas profetizaron la destrucción del Templo Sagrado, y el Templo Sagrado no fue destruido en los días de ninguno de ellos, sino en mis días».

## ב. אותי נהג ויולך, חושך ולא-אור.

**2. «Me condujo y me llevó a la oscuridad, y no a la luz».**

NUSJA SHENIAH

«Me condujo y me llevó a la oscuridad, y no a la luz». A toda oscuridad puso un final. No hallas una noche en la que no emerja en ella irradiación de luminosidad al final, cuando despunta el alba. Pero a mí me condujo y me llevó a la oscuridad, y no a la luz. Respecto a Egipto, cuando fueron exiliados, está escrito acerca de ellos: «Porque así ha dicho el Señor, Dios: "Al final de cuarenta años reuniré a Egipto de entre los pueblos entre los cuales fueron esparcidos allí"» (Ezequiel 29, 13). Y así con cada pueblo que fue exiliado de su lugar, finalmente volvió. E Israel, cuántos años –transcurrieron– desde que fue exiliado, y aún hoy en día están en el exilio.

## ג. אך בי ישוב יהפוך ידו, כל-היום.

**3. «Ciertamente se volvió contra mí y batió su mano todo el día».** Todos los pueblos pecan, y no hay pueblo en el mundo que el Santo, Bendito Sea, recuerda sus pecados sobre él, sino sobre Israel. A esto se refiere lo que está escrito: «se volvió contra mí y batió su mano todo el día».

## ד. בילה בשרי ועורי, שיבר עצמותיי.

**4. «Deterioró** *–bilá–* **mi carne y mi piel, y quebrantó mis huesos».** –La expresión *bilá* significa deterioro–, como está escrito: «¿Me postraré delante de descomposición[9] –*bul*– de árbol?» (Isaías 44, 19).

NUSJA SHENIAH

«Deterioró mi carne y mi piel, y quebrantó mis huesos». Al comienzo clamó por haber sido golpeado con la vara de la ira, y no especificó a qué se refería con sus palabras ni dio detalles acerca de la vara de la ira, y ahora explica que se refiere a la vara que deteriora la carne y la piel, y quebranta los huesos.

## ה. בנה עליי ויקף, ראש ותלאה. ג,ו במחשכים הושיבני, כמתי עולם.

**5. «Edificó contra mí»,** redes, **«y me rodeó de ponzoña y extenuación** –*tlaa*–». Me rodeó por arriba. Y *tlaa* es un término que indica fatiga y extenuación.

NUSJA SHENIAH

«Edificó –cerrojo– contra mí, y me rodeó de ponzoña y extenuación». Este versículo está vinculado con el versículo mencionado anteriormente, que declara: «Me condujo y me llevó a la oscuridad, y no a la luz» (Lamentaciones 3, 2). Pues si dijeras que aún hay esperanza para un hombre que anda en la oscuridad y se introduce en pasadizos oscuros, porque va tanteando hasta que sale donde hay luz, por eso –para descartar esa posibilidad– está dicho: «Edificó –cerrojo– contra mí, y me rodeó de ponzoña y extenuación». Y la explicación es que incluso si yo estuviera preso y atrapado en la oscuridad de modo que si estuviera abierta la prisión no podría salir por causa de la oscuridad, además edificó contra mí una edificación y la rodeó con una muralla en mi derredor. Y si dijeras que aún yo podría saltar y brincar sobre ella y salir, por eso está dicho:

9. *Véase* Rashi a *Isaías* 44, 19.

«ponzoña *–rosh–* y extenuación *–telaa–*». (La expresión *rosh* significa literalmente «cabeza», y *telaa* significa literalmente «dispositivo»). Y la explicación es ésta: elevó la edificación sobre mí, por encima de mi cabeza. Y la explicación de la expresión *telaa* es que se refiere a *alaa,* que significa «continuar». Y así lo explicó el rabino Saadia. Y otros sabios explicaron que: «Edificó –cerrojo– contra mí, y me rodeó de ponzoña *–rosh–* y extenuación *–telaa–*», se explica de este modo: me rodeó *laana, rosh* (hiel y ajenjo) y *telaa.* Y *telaa* es un lenguaje que significa «fatiga» y «extenuación».

## ו. במחשכים הושיבני, כמתי עולם.

**6. «Me hizo volver en la oscuridad, como los muertos del mundo** *–olam–*». Como los fallecidos, y «El Eterno te será por luz perpetua *–olam–*» (Isaías 60, 19).

NUSJA SHENIAH

«Me hizo volver en la oscuridad, como los muertos del mundo *–olam–*». Y no como esa oscuridad acerca de la cual está dicho: «Pondré delante de ellos la oscuridad por luz» (Isaías 42, 16). Sino como los muertos, que la oscuridad de ellos es una oscuridad perpetua *–olam–*.

## ז. גדר בעדי ולא אצא, הכביד נחושתי.

**7. «Cercó contra mí y no saldré** –de allí–; **endureció mis cadenas».** Aunque me hizo volver en la oscuridad, cercó contra mí para que no saliera. Si me hubiese vuelto en la oscuridad y no hubiese cercado contra mí, me hubiese sido difícil salir, con más razón cuando me hizo volver en oscuridad y cercó contra mí. Y no sólo eso, sino incluso que me cercó, endureció mis cadenas. Las cadenas con la que estoy preso son tan pesadas que no podría andar con ellas incluso si me hiciere volver a la luz del mundo de día. E incluso si no hubiese cercado contra mí, por si dijeres: tal vez buscare al Eterno desde allí y lo hallare, pues –con– su atributo –de misericordia– saca al preso de prisión y de la cárcel a los que están en la oscuridad, y si clamare y orare desde el lugar en el que fui puesto en la oscuridad, y cercó contra mí, desde allí me sacará a la luz, se aprende de lo que está escrito: «Aun si gritare y clamare, ha cerrado –las ventanas del cielo ante– mi plegaria» (Lamentaciones 3, 8).

NUSJA SHENIAH

«Cercó contra mí y no saldré –de allí–; endureció mis cadenas». La explicación es ésta: si me hubiera puesto en la oscuridad y no hubiera acercado contra mí, no sería posible salir por la oscuridad, cuanto más ahora, que me ha puesto en la oscuridad, y, además, ha cercado contra mí. Y no sólo eso, sino que además de haber cercado contra mí, endureció mis cadenas. Y ésta es la explicación: las cadenas con las cuales estoy apresado son tan pesadas que no podría salir con ellas incluso si estuviera sentado a la luz del día, e incluso si no hubiera cercado contra mí.

## ח. גם כי אזעק ואשווע, שתם תפילתי.

**8. «Aun si gritare y clamare, ha cerrado** –las ventanas del cielo ante– **mi plegaria»** (Lamentaciones 3, 8).

NUSJA SHENIAH

«Aun si gritare y clamare, ha cerrado –las ventanas del cielo ante– mi plegaria». Y si dijeras que aún tengo la esperanza de que si grito ante él, me hallará, ya que su atributo es sacar del encierro a todo preso y de la cárcel a los que residen en la oscuridad, y si gritare y clamare del lugar en el que me ha dispuesto en la oscuridad, y ha cercado contra mí, de allí me sacará a la luz, –para descartar esa posibilidad– viene la declaración que manifiesta: «Aun si gritare y clamare, ha cerrado –las ventanas del Cielo ante– mi plegaria».

## ט. גדר דרכיי בגזית, נתיבותיי עיווה.

**9. «Cercó mis caminos con piedras labradas».** Como si fueran piedras labradas. ¿Y con qué cercó mis caminos? Con mis senderos torcidos. –A esto se refiere lo que está escrito a continuación–: **«torció mis senderos».**

## י. דוב אורב הוא לי, ארי במסתרים.

**10. «Fue conmigo cual oso acechante, como león en escondites».**

NUSJA SHENIAH

«Fue conmigo cual oso acechante, como león en escondites». La explicación es que incluso el camino es sinuoso y tortuoso, de modo que un hombre no puede salir de allí a un camino recto, es cual oso acechante, porque si saliere de la prisión, hay un acechador que me acecha para devorarme como un oso que acecha a la presa.

## יא. דרכיי סורר ויפשחני, שמני שומם.

**11. «Esparció espinos en mis caminos».** Cubrió mis caminos con espinos para que no pueda hallar mis senderos. **«Y abrió mis pasos** *–vaifashjeini–,* **y me dejó en asolación».** La explicación de *vaifashjeini* es: abrir y agrietarse, como: un árbol que se agrietó *–nifshaj–* (Mishná, tratado de Shviit 4, 6).

## יב. דרך קשתו ויציבני, כמטרה לחץ.

**12. «Tensó su arco».** Porque todo el que desea arrojar flechas, arroja; así todos los pueblos, ejercen dominio sobre nosotros. **«Y me puso como objetivo de la flecha».**

יג. הביא, בכליותיי, בני, אשפתו.

**13. «Hizo entrar en mis riñones las flechas de su carcaj** *–bnei ashpato–».* Desde que me puso por objetivo suyo lanzó flechas contra mí, e hizo entrar en mis riñones *bnei ashpato.* (La expresión *bnei* significa literalmente «hijos»). ¿Y quiénes son los hijos del carcaj *–bnei ashpato–?* Las flechas, porque el hombre coloca sus flechas en el carcaj.

יד. הייתי שחוק לכל-עמי, נגינתם כל-היום.

**14. «Fui burla para todo mi pueblo, entonaban cántico todo el día».**

טו. השביעני במרורים, הרווני לענה.

**15. «Me sació de amarguras, me dio a beber ajenjo».**

טז. ויגרס בחצץ שיניי, הכפישני באפר.

**16. «Quebró mis dientes con pedregullo** *–jatzatz–».* Como: «El pan de mentira agrada al hombre; y después se llenará su boca de pedregullo *–jatzatz–»* (Proverbios 20, 16). Porque cuando los encontraban, amasaban su pan con polvo, y el polvo entraba entre sus dientes, y sus dientes se quebraban. –Y a continuación está escrito–: **«Me cubrió con ceniza».**

יז. ותזנח משלום נפשי, נשיתי טובה.

**17. «Y mi alma se apartó de la paz; me olvidé del bien».** Porque cuando un hombre es llevado a cautiverio, se olvida de todo el bien.

יח. ואומר אבד נצחי, ותוחלתי מיהוה.

**18. «Y dije: "Se ha perdido mi poder, y mi esperanza en el Eterno"».**

יט. זכור-עוניי ומרודי, לענה וראש.

**19. «Acuérdate de mi aflicción y mi desfallecimiento, el ajenjo y la hiel».**

NUSJA SHENIAH

«Y dije: "Se ha perdido mi poder, y mi esperanza en el Eterno". Acuérdate de mi aflicción y mi desfallecimiento, el ajenjo y la hiel». Estos dos versículos enseñan un asunto de forma conjunta, y ésta es la explicación: aunque pudiera decir que se perdió mi esperanza en el Eterno, porque, ¿qué esperanza hay para un hombre que está preso en un lugar oscuro, y la cárcel está edificada con piedras labradas y hay un cercado contra él, y él está preso con cadenas pesadas, y la cárcel está cerrada por todos los flancos en derredor de modo que no se oye su voz en el exterior cuando clama, y los senderos son tortuosos por fuera de la cárcel? Si rompiera un muro de la cárcel, no sería posible volver por el camino por el que fue. Y no sólo eso, sino que un oso me asecha. Y de aquí que se perdió mi esperanza de salir, y en vano clamaré y gritaré, porque ha cerrado –las ventanas del cielo ante– mi plegaria. Pero aun así no me callaré de clamar y rogar ante él, y pedir ante él y decirle: «Acuérdate de mi aflicción y mi desfallecimiento, el ajenjo y la hiel». Porque se asemeja el ajenjo y la hiel.

כ. זכור תזכור, ותשוח עליי נפשי.

**20. «Ciertamente acuérdate».** Yo sé que vendrá el día en que te acordarás de mí, pobre y desamparado, y mi alma orará por mí –y estará consternada por las tribulaciones– hasta que llegue ese día.

–A esto se refiere lo que está escrito a continuación–: **«Y ora por mí, alma mía».**[10]

כא. זאת אשיב אל-ליבי, על-כן אוחיל.

**21. «A esto consideraré en mi corazón, por eso tendré esperanza».** Cuando mi alma ora por mí consternada por la largura de mi exilio, consideraré esto en mi corazón, **«por eso tendré esperanza».** ¿Y qué es lo que consideraré en mi corazón?

כב. חסדי יהוה כי לא-תמנו, כי לא-כלו רחמיו.

**22. «Por las bondades del Eterno»,** que me ha hecho. ¿Y cuáles son las bondades que me ha hecho? **«Porque no hemos perecido».** Porque no hemos perecido en manos de Nabucodonosor. Y esto provocó que no pereciéramos en manos de ellos: **«ya que sus misericordias no se han acabado».** No se han acabado las bondades del Santo, Bendito Sea; y el Santo, Bendito Sea, que ha hecho bondad y fue misericordioso con nosotros en el pasado al no hacernos perecer en el exilio de Babilonia, tengo confianza de que sus misericordias y bondades no se hayan acabado en este exilio.

NUSJA SHENIAH

«Por las bondades del Eterno», que me ha hecho. ¿Y cuáles son las bondades que me ha hecho? «Porque no hemos perecido». Porque no hemos sido exterminados ni hemos perecido en manos de los pueblos. Porque en cada generación y generación se levantaron contra nosotros para exterminarnos. «Un arameo pretendió destruir a mi padre» (Deuteronomio 26, 5). El faraón dijo: «Arrojad al río a todo hijo que nazca» (Éxodo 1, 22). Sanjeriv: «Y aunque él no lo supusiera así –como había sido decretado de lo Alto–, ni

10. *Véase* Rashi, y *véase* Midrash Raba Eijá 3, 7, y *véase* Targum Eijá 3, 20.

en su corazón pensara de ese modo, sino en su corazón –pensaba– exterminar y tronchar no pocos pueblos» (Isaías 10, 7). Y así Nabucodonosor, y así Haman: «Y fueron enviados escritos en mano de mensajeros a todas las provincias del rey, para destruir, matar y exterminar a todos los judíos» (Ester 3, 13). Y nosotros no fuimos exterminados ni perecimos en manos de todos ellos. ¿Y qué fue lo que provocó que no pereciéramos en manos de ellos? Esto fue lo que lo provocó: «Ya que sus misericordias no se han acabado» (Lamentaciones 3, 22).

## כג. חדשים, לבקרים, רבה, אמונתך.

**23. «Nuevas son por las mañanas».** Las bondades que nos mostró en Babilonia, ya que no hemos perecido, no sólo en Babilonia nos ha mostrado sus bondades, sino que nuevas son por las mañanas. Pues cada día y día sus bondades se renuevan, ya que no sólo uno se levantó contra nosotros, sino que en cada generación y generación se levantan contra nosotros para exterminarnos, si no fuera por sus bondades, que nos salva de sus manos. **«Grande es tu fidelidad».** Tu fidelidad es grande, pues nos has asegurado: «Y aun así, con todo eso, cuando estuvieren en la tierra de sus enemigos, no los desdeñaré ni los rechazaré para exterminarlos, anulando mi pacto con ellos, pues yo, el Eterno, soy su Dios» (Levítico 26, 44). Eso es lo que se ha levantado para nuestros ancestros y para nosotros, que –por eso– los reinos no nos han exterminado.

## כד. חלקי יהוה אמרה נפשי, על-כן אוחיל לו.

**24. «El Eterno es mi porción, dijo mi alma; por eso, confiaré en él».**

NUSJA SHENIAH

«El Eterno es mi porción, dijo mi alma; por eso, esperaré en él». Este versículo está vinculado con lo que fue mencionado previamente: «A esto consideraré en mi corazón, por eso tendré esperanza» (Lamentaciones 3, 21). Y viene a dar la razón del asunto, y ésta es la explicación: «por eso tendré esperanza» en el Santo, Bendito Sea, porque yo lo he elegido para ser parte de mí para que me sea por Dios, por eso tendré esperanza en él, en que me redimirá de la oscuridad, y de la cárcel, y de las pesadas cadenas.

## כה. טוב יהוה לקוויו, לנפש תדרשנו.

**25. «El Eterno es bueno con los que esperan en él; y con el alma que lo busca».**

## כו. טוב ויחיל ודומם, לתשועת יהוה.

**26. «Es bueno tener esperanza en silencio** *–domem–* **y anhelar la salvación del Eterno».** Ésta es la explicación: ya que el Santo, Bendito Sea, es bueno con los que confían en él, el hombre tiene esperanza en silencio *–domem–* y anhela la salvación del Eterno. La expresión *domem* se refiere a esperar, como está escrito: «Esperad *–domu–* hasta que vengamos a vosotros» (I Samuel 14, 9).

## כז. טוב לגבר, כי-יישא עול בנעוריו.

**27. «Es bueno para el hombre llevar el yugo desde su juventud».** Pues tendrá éxito cuando envejezca. Bienaventurado el hombre que ya pagó todas sus deudas, porque, aunque ahora esté triste, después de un tiempo estará contento. Bienaventurados los hijos de Israel, que ya han recibido la sentencia por sus pecados. Ay de los pueblos que en el futuro aún serán azotados por todos sus pecados. Y así está escrito: «Ha culminado –el castigo por– tu pecado, hija de Sion; –Dios– no te volverá a desterrar» (Lamentaciones 4, 22).

## כח. יישב בדד ויידום, כי נטל עליו כח.

**28. «Se ha de sentar** *–ioshev–* **solo y** –esperar– **en silencio** *–vaidom–*». No hay para el hombre algo más bueno que sentarse solo y –esperar– en silencio por el decreto que fue emitido sobre él, **«porque** –Dios– **ha puesto sobre él** –esa carga–». Cuando Dios carga sobre él algún decreto. Menajem hijo de rabí Jelvo explicó que la expresión *vaidom* se corresponde con un lenguaje que significa «pensamiento». Y asimismo explicó: el hombre «se ha de sentar *–ioshev–* solo»: piense *–iajashov–* en mi palabra. Y la expresión *vaidom* se corresponde con un lenguaje que significa «pensamiento», como está escrito: «cuando pensé *–dimiti–* hacerles» (Números 33, 56). Y yo he lo explicado según el –sentido textual del– asunto.

## כט. ייתן בעפר פיהו, אוליי יש תקווה.

**29. «Ha de poner su boca en el polvo** –prosternándose a Dios–, **porque tal vez hay esperanza».**

## ל. ייתן למכהו לחי, ישבע בחרפה.

**30. «Ponga la mejilla al que lo golpea, y sáciese de humillación».**

## לא. כי לא יזנח לעולם, אדוניי.

**31. «Pues el Señor no aparta para siempre».** Si hoy carga el yugo de las naciones, mañana serán aceptados –indultados– por sus pecados, porque así es la medida.

NUSJA SHENIAH

«Pues el Señor no aparta para siempre». Ahora menciona la razón de todo lo manifestado previamente.

## לב. כי אם-הוגה, וריחם כרוב חסדיו.

**32. «Porque si aflige, tiene misericordia según sus grandes bondades».** Si los quebrantó, volverá y tendrá misericordia, conforme a sus muchas bondades.

## לג. כי לא עינה מליבו, ויגה בני-איש.

**33. «Porque no aflige de** –propio– **corazón ni apesadumbra a los hijos de hombre».** Porque no de –propio– corazón ni tampoco por su voluntad apesadumbra a los hijos de hombre ni los aflige.

## לד. לדכא תחת רגליו, כול אסירי ארץ.

**34. «Para quebrantar bajo los pies a todos los reclusos de la tierra».** Y tampoco es su voluntad ni su deseo quebrantar bajo los pies a todos los reclusos de la tierra; todos los que son afligidos con flagelos. «Porque no aflige de –propio– corazón», recae también sobre: «para quebrantar bajo los pies». Y ésta es la explicación: porque no es de –su propio– corazón ni de –su propia– voluntad quebrantar bajo los pies a todos los reclusos de la tierra, todos los que son sometidos con acción esforzada.

NUSJA SHENIAH

«Para quebrantar bajo los pies a todos los reclusos de la tierra». No es su voluntad ni su deseo afligir bajo sus pies a todos los que son flagelados con flagelos. Pues: «Porque no aflige de –propio– corazón», también se vincula con lo que esté escrito: «para quebrantar bajo los pies». Y ésta es la explicación: porque no es su –intención de su– corazón ni su voluntad quebrantar bajo los pies a todos los reclusos de la tierra, todos los que se someten con esfuerzo y entrega, y no es su –intención de su– corazón torcer el juicio del hombre que es contrario a la –voluntad de la– presencia del Altísimo.

## לה. להטות, משפט-גב ר, נגד, פני עליון.

**35. «Pues torcer el juicio del hombre es contrario a la** –voluntad de la– **presencia del Altísimo».** Y no es de –su propio– corazón torcer el juicio de una persona contra la presencia del Altísimo.

## לו. לעוות אדם בריבו, אדוניי לא ראה.

**36.** «–Asimismo– **el desviar el pleito del hombre** –en un juicio–, **el Señor no lo aprueba** *–raa–*». La explicación es que no es apto en sus ojos el desviar el pleito del hombre –en un juicio–. *Raa,* significa «aprobar», como: «yo apruebo *–roe–* tu palabra».

## לז. מי זה אמר ותהי, אדוניי לא ציווה.

**37. «¿Quién es ese que diga que algo sea y el Señor no lo ordenó?».** Si una persona te dijera que ocurrió algo así, que es recto en los ojos del Omnipresente, el desviar el pleito del hombre –en un juicio–, y quebrantar bajo los pies a todos los reclusos de la tierra, no le creas, porque ese asunto el Eterno no lo ordenó. Y si él no lo ordenó, ¿de dónde surge el acontecimiento? ¿De dónde viene el «quebrantar bajo los pies a todos los reclusos de la tierra»? ¿De dónde vienen los flagelos al mundo? ¿Acaso el mundo no tiene dueño? Porque «el Señor no lo ordenó».

## לח. מפי עליון לא תצא, הרעות והטוב.

**38. «¿De la boca del Altísimo no saldrán las cosas malas y lo bueno?».** Sino, desde el día en que el Santo, Bendito Sea, dijo en el monte Sinaí: «Observa, he puesto ante ti hoy la vida y el bien, la muerte y el mal» (Deuteronomio 30, 15), de boca del Altísimo: ¿De la boca del Altísimo no saldrán las cosas malas y lo bueno? Sino que el mal viene por sí solo sobre el que hace mal y el bien sobre el que hace bien. Se desprende de aquí que el hombre provoca mal sobre sí mismo; y después de que el pecado provoca la venida del mal sobre los que hacen mal, cuando vienen flagelos sobre el hombre, no debe quejarse al hombre por los flagelos y por la medida del castigo, sino:

## לט. מה-יתאונן אדם חי, גבר על-חטאיו.

**39. «El hombre, ¿por qué se ha de afligir? El hombre valiente se ha de afligir por sus pecados».** Porque le provocaron traer el mal sobre él, y así debe confesar y decir: («Escudriñemos [...]» tal como se menciona en el versículo siguiente).

NUSJA SHENIAH

«El hombre, ¿por qué se ha de afligir? El hombre valiente se ha de afligir por sus pecados». Después de que el pecado provoca la venida del mal a quien hace el mal, cuando los flagelos vienen a la persona, no debe quejarse por los flagelos ni por el atributo del castigo, sino, el hombre, ¿por qué se ha de afligir? El hombre se ha de afligir por sus pecados. Pues ellos provocaron la venida del mal hacia él. Y así debe confesar y decir:

## מ. נחפשה דרכינו ונחקורה, ונשובה עד-יהוה.

**40. «Escudriñemos nuestros caminos y hagamos introspección; volvamos al Eterno».**

NUSJA SHENIAH

«Escudriñemos nuestros caminos y hagamos introspección». ¿Por qué pecado los flagelos vienen a mí? Y «volvamos al Eterno».

## מא. נישא לבבנו אל-כפיים, אל-אל בשמיים.

**41. «Elevemos nuestros corazones con nuestras manos a Dios en los cielos».** (Literalmente está escrito: «Elevemos nuestros corazones a nuestras manos», y la explicación es: «Elevemos nuestros corazones con nuestras manos»). Y ésta es la explicación: «Elevemos nuestros corazones con nuestras manos a Dios en los cielos». Y no, que el hombre extienda sus manos al cielo y en su corazón esté lleno de pecados. Y lo compararon con el ejemplo del que se sumerge –para purificarse– y aferra un animal impuro –*sheretz*– en su mano, que si arroja el animal impuro, su sumergido le sirve –para purificarse–, pero si no arroja el animal impuro, su sumergido no le sirve –para purificarse–. También aquí, si el hombre alzó su corazón con sus manos al Eterno en los cielos, su arrepentimiento es recibido, sin embargo, si extendió sus manos a los cielos, y su corazón no estaba dirigido a su Padre que está en los cielos, su arrepentimiento no es recibido. Y a esto se refiere el texto de la poesía que compuso rabí Shelomo Hababli: «Igualó la mano, puso su interior, arroja el animal impuro, y su sumergido le sirve –para purificarse–» (*véase* Rashi Éxodo 26, 15).

## מב. נחנו פשענו ומרינו, אתה לא סלחת.

**42. «Nosotros nos hemos insubordinado y fuimos rebeldes; tú no has perdonado».** Nosotros hemos hecho lo nuestro, porque no hay hombre que no peque, pero tú no has hecho lo tuyo, porque tú eres llamado: el que aumenta en perdonar, y tú no has perdonado. Y en el Midrash de nuestros sabios se enseñó: nosotros nos hemos insubordinado y fuimos rebeldes; tú no has perdonado: si nosotros no hemos hecho conforme a la ley, tampoco tú te has conducido con nosotros según la forma –de conducirte–. Si nosotros nos hemos insubordinado y fuimos rebeldes, tú deberías haber perdonado, y tú no has perdonado. Y a esto se refiere lo que hemos estudiado en la Mejilta: hallamos que tú dices: hubo tres profetas: uno buscó honor para su hijo, y no buscó honor para su padre, éste es Jonás, que buscó anular el honor del Omnipresente para no obligar –a ser culpabilizados– a los hijos de Israel, y se levantó para huir a Tarshish; porque los pueblos del mundo estaban próximos al arrepentimiento, y si fuese a Nínive con la palabra del Eterno, y se arrepintieran, resultaría que el Santo, Bendito Sea, se iba a enojar con los hijos de Israel, porque envió a ellos en mano de varios profetas que se volvieran en arrepentimiento, y no se volvieron. Y uno buscó honor para su padre, y no buscó honor para su hijo, éste es Elías, porque dijo: «He celado el celo del Eterno, Dios de los ejércitos, porque los hijos de Israel han abandonado tu pacto» (I Reyes 19, 10). Y uno buscó honor para su hijo, y buscó honor para su padre, éste es Jeremías, pues dijo: «Nosotros nos hemos insubordinado y fuimos rebeldes; tú no has perdonado».

## מג. סכות באף ותרדפנו, הרגת לא חמלת.

**43. «Has cubierto con ira y nos has perseguido; has matado y no has perdonado».**

NUSJA SHENIAH

«Has cubierto con ira y nos has perseguido; has matado y no has perdonado». Has cubierto tu rostro con tu ira y has apartado tu rostro de nosotros.

## מד. סכות בענן לך, מעבור תפילה.

**44. «Te has cubierto con nube, para que no pasara la plegaria».**

## מה. סחי ומאוס תשימנו, בקרב העמים.

**45. «Nos has puesto como cosa despreciable y repulsión** *–seji–* **en medio de los pueblos».** La explicación de la expresión *seji* es que se refiere a hacer deambular, como: «Nos has hecho deambular *–nisajtem–* por sobre la faz de la tierra» (Deuteronomio 28, 63). Y fue traducido al arameo: *titaltelinin,* –que significa «hacer deambular»–. «Nos has puesto». La explicación es: tú nos pones; es un asunto en presente.

## מו. פצו עלינו פיהם, כל-אויבינו.

**46. «Todos nuestros enemigos abrieron su boca contra nosotros».**

## מז. פחד ופחת היה לנו, השאת והשבר.

**47. «Fue para nosotros temor y caída, asolación** *–hashet–* **y quebranto».** *Hashet* proviene de la raíz –de esta expresión mencionada en el libro del profeta Isaías–: «Hasta que las ciudades estén asoladas *–shau–*» (Isaías 6, 11). Proviene de la raíz de la expresión: *shoa* (*véase* Isaías 47, 11) *y meshoa* (*véase* Sofonías 1, 15).

NUSJA SHENIAH

«Fue para nosotros temor *–pajad–* y caída *–pajat–,* asolación *–sheet–* y quebranto». He aquí que a través de la voz del temor caerá en caída. ¿Y qué son *pajad* y *pajat?* Son la asolación *–sheet–* y el quebranto.

## מח. פלגי-מים תרד עיני, על-שבר בת-עמי.

**48. «Torrentes de aguas descienden de mis ojos por el quebranto de la hija de mi pueblo».**

## מט. עיני נגרה ולא תדמה, מאין הפוגות.

**49. «Mis ojos derraman** –lágrimas– **constantemente, sin cesar».**

NUSJA SHENIAH

«Mis ojos derraman *–nigra–* constantemente, sin cesar». La explicación es que destilaban lágrimas, tal como se menciona en la cita que manifiesta: «Como las aguas que se derramaban *–nigarim–* a tierra» (II Samuel 14, 14). Y la explicación de la declaración «sin cesar *–hafugot–*», es que no se detenían, tal como se menciona en la cita que manifiesta: «El corazón de ellos clamaba al Señor; –tú– muralla de la hija de Sion, haz descender lágrimas día y noche como arroyo, no te des descanso *–fugat–*, y no cesen las pupilas de tus ojos» (Lamentaciones 2, 18).

## נ. עד-ישקיף וירא, יהוה משמיים.

**50. «Hasta que el Eterno observe y vea desde los cielos».**

NUSJA SHENIAH

«Hasta que el Eterno observe y vea desde los cielos». No cesaré de llorar hasta que observe y vea.

## נא. עיני עוללה לנפשי, מכול בנות עירי.

**51. «Mis ojos incidieron en mi alma** –para volver al Eterno– **más que todas las hijas de mi ciudad».** Nuestros pecados inclinaron eso.

NUSJA SHENIAH

«Mis ojos incidieron en mi alma». Nuestros pecados inclinaron eso. «Más que todas las hijas de mi ciudad». La explicación es ésta: que todos los pueblos. Pues si no fuera por mis pecados, los pueblos no me exterminarían. Porque cuando los hijos de Israel hacen la voluntad del Omnipresente, no hay pueblo ni nación que ejerza dominio en ellos.

## נב. צוד צדוני כציפור, אויבי חינם.

**52. «Mis enemigos ciertamente me han cazado como a ave, de balde».**

NUSJA SHENIAH

«Mis enemigos ciertamente me han cazado como a ave, de balde». ésta es la explicación: se refiere a esos que eran mis enemigos de balde, porque no pequé contra ellos.

## נג. צמתו בבור חיי, וידו-אבן בי.

**53. «Troncharon mi vida en el pozo, y me arrojaron piedra».** E incluso que troncharon mi vida en el pozo, porque no puedo ascender de su interior, no puso su corazón tampoco en eso, hasta que me arrojaron piedra.

NUSJA SHENIAH

«Troncharon mi vida en el pozo, y me arrojaron piedra». La expresión: «Troncharon mi vida en el pozo», no se refiere a un hombre que es arrojado a un pozo que no es profundo, de cuyo interior puede ascender, sino que se refiere a un hombre que es arrojado a un pozo profundo, del interior del cual no puede ascender. Porque ese arrojado es un arrojado permanente para él, ya que no podrá ascender de su interior jamás. Y si hubieran tronchado mi vida en el pozo solamente, sin que me arrojaran piedra, no me sería posible ascender de su interior debido a su profundidad, pero aunque era profundo, arrojaron piedra contra mí.

## נד. צפו-מים על-ראשי, אמרתי נגזרתי.

**54. «Aguas cubrieron mi cabeza, y dije: "He sido tronchada"».** Porque cuando un hombre está en el agua hasta las rodillas, o hasta las caderas, aún hay esperanza, pero si las aguas flotan sobre su cabeza, entonces se pierde su esperanza, y dice: «Se perdió mi esperanza». Pero yo no hago así, sino que incluso las aguas flotan sobre mi cabeza, y yo puedo decir: «He sido tronchada», Dios libre, yo no pierdo mi esperanza en mi Creador, sino: («El Eterno, invoqué tu nombre [...]»).

NUSJA SHENIAH

«Aguas cubrieron mi cabeza». Y si el pozo estuviera vacío sin que hubiera en él agua, era apropiado a causa de su profundidad y a causa de las piedras que arrojaban contra la persona que estaba en su interior que permaneciera en el pozo para siempre. Pero aunque troncharon mi vida en el pozo, y me arrojaron piedra, aún en ese pozo en el que me arrojaron había agua que cubría mi cabeza. «Y dije: "He sido tronchada"». La explicación es ésta: aunque pudiese haber dicho: se he perdido mi esperanza; he sido tronchada por varias razones: una, porque el pozo es profundo, dos, porque arrojaron piedra contra mí, tres, las aguas cubrieron mi cabeza. Porque cuando el agua viene a la persona hasta las rodillas o hasta las caderas, aún tiene esperanza, pero desde que las aguas cubren su cabeza, entonces se pierde su esperanza, y dice: se ha perdido mi esperanza. Pero yo no hago así, sino, aunque las aguas cubrieron mi cabeza y puedo decir que he sido tronchada, Dios libre, no pierdo mi confianza en mi Creador, sino:

## נה. קראתי שמך יהוה, מבור תחתיות.

**55. «El Eterno, invoqué tu nombre desde el pozo profundo».** Desde el exilio de Edom, que se compara con el Pozo –Seol– Profundo.

NUSJA SHENIAH

«El Eterno, invoqué tu nombre desde el pozo profundo». Desde el pozo profundo en cuyo interior estoy. Y se refiere a la tierra de Babilonia, pues Babilonia es profunda.

## נו. קולי, שמעת: אל-תעלם אזנך לרווחתי, לשוועתי.

**56. «Has oído mi voz, no apartes tu oído a mi clamor para favorecerme».** Tú, que has oído mi voz aun desde que fuimos esclavizados en Egipto, no apartes tu oído a mi clamor para favorecerme en el exilio de Edom.

NUSJA SHENIAH

«Has oído mi voz». Tú, que has oído mi voz aun desde que fuimos esclavizados en Egipto, no apartes tu oído a mi clamor para favorecerme en el exilio de Babilonia. «Has oído mi voz». Tú estabas habituado a oír mi voz en cada momento en que te invocaba, y así como oías mi voz en el pasado en cada aflicción en la que te invoqué, también ahora: «no apartes tu oído a mi clamor para favorecerme».

## נז. קרבת ביום אקראך, אמרת אל-תירא.

**57. «El día en que te invoqué te acercaste; dijiste: "No temas"».** A esto se refiere lo que está escrito: «Y aconteció en aquellos muchos días que el rey de Egipto murió, y los hijos de Israel gemían a causa de la servidumbre y clamaban; y la súplica de ellos por la servidumbre ascendió a Dios» (Éxodo 2, 23).

NUSJA SHENIAH

«El día en que te invoqué te acercaste; dijiste: "No temas"». En todo momento en que te invocaba, era frecuente en ti acercarte y decirme: «No temas». Como en Egipto, que te invoqué y me respondiste, como está escrito: «Y aconteció en aquellos muchos días que el rey de Egipto murió, y los hijos de Israel gemían a causa de la servidumbre [...]» (Éxodo 2, 23).

## נח. רבת אדוניי ריבי נפשי, גאלת חיי.

**58. «Señor, has librado los pleitos de mi alma; has redimido mi vida».**

NUSJA SHENIAH

«Señor, has librado los pleitos de mi alma». Ésta es la explicación: en todo momento era frecuente en ti librar los pleitos de mi alma. «Has redimido mi vida». Como en Egipto, como está dicho: «Por tanto, diles a los hijos de Israel: Yo soy el Eterno, y os sacaré de bajo las pesadumbres de Egipto, y os rescataré de la esclavitud de ellos, y os redimiré con brazo extendido, y con juicios grandes. Y os tomaré para mí por pueblo y seré Dios para vosotros; y vosotros sabréis que yo soy el Eterno vuestro Dios, que os saca de las pesadumbres de Egipto. Y os traeré a la tierra por la cual levanté mi mano –en juramento– para otorgarla a Abraham, Isaac y Jacob; y os la daré a vosotros por heredad; yo soy el Eterno"» (Éxodo 6, 6-8).

## נט. ראית יהוה עוותתי, שופטה משפטי.

**59. «El Eterno, has visto mi ultraje; juzga mi juicio».** El ultraje que me fue hecho; juzga mi juicio.

NUSJA SHENIAH

«El Eterno, has visto mi ultraje; juzga mi juicio». Ésta es la explicación: tú, que has visto el ultraje que me fue hecho; juzga mi juicio.

## ס. ראית, כל-נקמתם–כל-מחשבותם.

**60. «Has visto toda la venganza de ellos, todos los pensamientos de ellos contra mí».**

## סא. שמעת חרפתם יהוה, כל-מחשבותם עליי.

**61. «El Eterno, has oído la infamia de ellos, todas sus conspiraciones contra mí».**

## סב. שפתי קמיי והגיונם, עליי כל-היום.

**62. «Los –dichos de– labios de los que se levantaron contra mí y sus conspiraciones contra mí todo el día».**

## סג. שבתם וקימתם הביטה, אני מנגינתם.

**63. «Observa el sentarse de ellos y su levantar; soy su entonación».**

NUSJA SHENIAH

«Observa el sentarse de ellos y su levantar; soy su entonación». Es un versículo tácito, y ésta es la explicación: Observa que yo soy su entonación en todo su sentarse y levantarse.

## סד. תשיב להם גמול יהוה, כמעשה ידיהם.

**64. «El Eterno, otórgales el pago, conforme a la obra de sus manos».**

## סה. תיתן להם מגינת-לב, תאלתך להם.

**65. «Otórgales quebranto** *–meguinat–* **de corazón; Tu maldición** *–taalatja–* **sea sobre ellos».** La expresión *meguinat* significa «quebranto», como está escrito: «que ha quebrantado *–miguen–* a tus enemigos» (Génesis 14, 20). La expresión *taalatja* significa «maldición», como: *telaotja.* Es decir: todas las maldiciones que has traído sobre mí, trae a ellos. Y así hallas en el final de Alfa Beta, que vuelve sobre las naciones, para consolarlos con ellos, y dice así: «Tal como me has hecho a mí, así hizo a ellos».

## סו. תרדוף באף ותשמידם, מתחת שמי יהוה.

**66. «El Eterno, persíguelos con ira, y extermínalos de debajo de los cielos».**

# IV

## א. איכה יועם זהב, ישנה הכתם הטוב; תשתפכנה, אבני-קודש, בראש, כל-חוצות.

**1. «¡Cómo se ha oscurecido** *–iuam–* **el –rostro de las personas que brillaban como el oro, y se ha alterado el aspecto del buen oro! ¡Las piedras sagradas están esparcidas en las intersecciones de todas las calles!».** La expresión *iuam* significa «oscurecimiento», como está escrito: «Todo lo oculto no estará cubierto de ti *–amamuja–*» (Ezequiel 28, 3). Y asimismo: «los cedros no cubrieron» (Ezequiel 31, 8). Y la explicación de: «Cómo se ha oscurecido *–iuam–* el –rostro de las personas que brillaban como el–oro», es ésta: «Cómo se ha oscurecido la hermosura y el aspecto de los hijos de Sion, cuyo semblante brillaba como el oro». Y ésta es la explicación de: «y se ha alterado el aspecto del buen oro»: «¡Cómo se ha alterado el aspecto de los rostros de los hijos de Sion que se asemejaba al buen oro, a un buen tesoro!». A toda piedra preciosa del Eterno la llama: buen oro, y oro puro. Oro *–ketem–*, es un tesoro. ¿Y por qué lo llama buen oro, y oro puro? Tal como dijo Job: «No se igualará su elogio con el oro *–ketem–* puro» (Job 28, 19). Porque si el hombre atesora para su vestimenta, busca –hilo– celeste y *rikma.* Toda vestimenta y todo objeto de cuero no es –denominado– oro *–ketem–* puro, sino las piedras preciosas y las perlas se denominan oro *–ketem–* puro. «Las piedras sagradas están esparcidas». –Se refiere a– los sacerdotes que estaban vestidos con el pectoral y el efod, en los que había piedras sagradas fijadas en ellos.

NUSJA SHENIAH

«Cómo se ha oscurecido el oro». Al comienzo cerró sus palabras y no especificó, pues dijo: «Cómo se ha oscurecido *–iuam–* el oro». Y la explicación es que se oscureció el aspecto del bueno oro. Ya que la expresión *iuam* significa «oscurecimiento», como está escrito: «todo lo oculto no estará cubierto de ti *–amamuja–*» (Ezequiel 28, 3). Pues así es la explicación, que todo lo que está oculto no estará cubierto de ti. «Y se ha alterado el aspecto del buen oro». Y es imposible que se oscurezca el aspecto del bueno oro y que se modifique la cantidad que había en un buen tesoro. «¡Las piedras sagradas están esparcidas en las intersecciones de todas las calles!». Y no es habitual en las personas arrojar las piedras sagradas, que son las piedras del efod y las piedras del pectoral, en las intersecciones de todas las calles. Y al margen explica a qué se refiere el asunto:

ב. בני ציון היקרים, המסולאים בפז-איכה נחשבו לנבלי-חרש, מעשה ידי יוצר.

**2. «Los apreciados hijos de Sion, estimables como el oro fino, ¡cómo son considerados cual vasijas de barro, obra de manos de alfarero!».** Porque sus rostros resplandecían como el aspecto del oro fino, y cómo se transformó el aspecto de ellos, –a tal punto– que fueron considerados cual vasijas de barro, obra de manos de alfarero. De aquí en adelante explica quién provocó que se oscurecieran sus aspectos, y quién provocó que se alteraran; y los rostros que eran estimables como el oro fino, quién provocó que fueran considerados cual vasijas de barro, obra de manos de alfarero. Esto lo provocó: («Incluso los animales *tanim* sacaron la mama [...]»).

«Los apreciados hijos de Sion, estimables como el oro fino, ¡cómo son considerados cual vasijas de barro, obra de manos de alfarero!». Cuando moraban en su tierra, comían hasta saciarse y habitaban seguros. Y sus rostros eran comparados con el oro purpúreo y con el oro fino. Cómo se demudó el aspecto de ellos cuando eran llevados al exilio hambrientos, y el rostro de ellos se asemejaba a vasijas de barro, obra de manos de alfarero. Y los sacerdotes que vestían pectoral y efod, en los cuales estaban fijadas las piedras sagradas, ¡cómo fue derramada la sangre de ellos en las intersecciones de todas las calles!

## ג. גם-תנים חלצו שד, היניקו גוריהן; בת-עמי לאכ-זר, כיענים במדבר.

**3. «Incluso los animales *tanim* sacaron *–jaltzu–* la mama y amamantaron a sus crías; y la hija de mi pueblo fue considerada cruel como las aves corredoras en el desierto».** La explicación de la expresión *jaltzu* es sacaron, como: «y sacarán *–jaltzu–* las piedras» (Levítico 14, 40). Ese *tanin,* cuando ve a sus crías de lejos, saca sus pechos de su seno, y los muestra, para que vengan y mamen; pero la hija de mi pueblo fue considerada cruel como las aves corredoras en el desierto, que son crueles con sus crías, porque sus pechos se comprimieron a causa del hambre.

## ד. דבק לשון יונק אל-חיכו, בצמא; עוללים שאלו לחם, פורש אין להם.

**4. «La lengua del niño de pecho se pegó a su paladar por la sed; los niños pequeños pidieron pan y no hubo quien les diera una rebanada».** Todo eso provocó que se oscurecieran sus rostros.

ה. האוכלים, למעדנים, נשמו, בחוצות; האמונים עלי תולע, חיבקו אשפתות.

**5. «Quienes comían delicias»,** los adultos que acostumbraban comer delicias, **«fueron asolados en las calles; quienes se criaron sobre carmesí»,** quienes hasta ahora estaba cubiertos con carmesí, cuando les sobrevino aflicción y urgencia, **«se abrazaron a los basurales»,** para calentarse con ellos, porque la basura es caliente; y así se explica en Bereshit Raba: *amon mejusé,* como está dicho: «quienes comían delicias».

ו. ויגדל עוון בת-עמי, מחטאת סדום: ההפוכה כמו-רגע, ולא-חלו בה ידיים.

**6. «Y el pecado de la hija de mi pueblo aumentó más que el pecado de Sodoma, que fue trastornada en un instante, sin que cayeran sobre ella las manos** –de legionarios–». Dijo rabí Berejia: fue hecho en la tribu de Judá y en la tribu de Benjamín lo que no fue hecho en Sodoma. Acerca de Sodoma está escrito: «Y dijo el Eterno: "El clamor contra Sodoma y Gomorra ha aumentado, y el pecado de ellos, pues, se ha agravado mucho"» (Génesis 18, 20). Acerca de la tribu de Judá y la tribu de Benjamín está escrito: «El pecado de la casa de Israel y Judá es muy muy grave» (Ezequiel 9, 9). De ellos no quedó remanente. Es decir, las personas de Sodoma, que el pecado de ellos no era tan grave como el pecado de la casa de Israel y Judá, y de ellos –las personas de Sodoma–, no quedó remanente, –y de ellos quedó remanente–, aunque «fue trastornada en un instante», pues ellos no pusieron sus manos para –cumplir– los preceptos (ya que no se ayudaron los unos a los otros ni hicieron bondad los unos con los otros), como está escrito: «sin que cayeran sobre ella las manos». Dijo rabí Tanjuma: –se aprende del versículo que– no cayó mano sobre mano –para ayudarse–. Pero éstos –los moradores de Jerusalén–, pusieron sus manos para –cumplir– los preceptos, como está escrito: «Las manos de mujeres misericordiosas cocieron a sus hijos; les fueron por alimento en el día del quebrantamiento de la hija de mi pueblo» (Lamentaciones 4, 10). Y se explicó en Midrash Eija que no –se refiere a que– cocieron a sus hijos –literalmente–, sino, inmediatamente cuando tomaban el pan de mano de sus hijos y les daban a sus vecinas –la primera comida que se da– por duelo, en el versículo se considera como si hubiesen cocido a sus hijos. Así es la explicación según el Midrash. Y respecto al sentido llano del texto, ésta es la explicación: «Y el pecado de la hija de mi pueblo aumentó más que el pecado de Sodoma, que fue trastornada en un instante», los ángeles que fueron enviados para trastornar a Sodoma, la trastornaron en un instante y no dejaron en ella lugar sin trastornar. A esto se refiere lo que está escrito: «sin que cayeran *–jalu–* sobre ella las manos». La explicación de la expresión *jalu* es como está escrito: «Caigan *–icajulu–* sobre la cabeza de Yoav» (II Samuel 3, 29).

## ז. זכו נזיריה משלג, צחו מחלב; אדמו עצם מפני־נים, ספיר גזרתם.

**7. «Sus príncipes** *–nezirea–* **eran más puros que la nieve, más limpios que la leche;** –asimismo había en ellos quienes eran– **más purpúreos que las gemas, y cortados del zafiro».** La expresión *nezirea* se refiere a los cabellos de sus cabezas, que eran blancos como la nieve, porque con la comida y la bebida los cabellos de las cabezas de las personas se emblanquecen y depuran como la leche. Y sabe que es así de lo que ocurre si una persona cae en cama afligido por una dolencia, que si sus cabellos eran negros en el día en que cayó, cuando se levante y salga fuera se verán blancos. *Nezirea* se refiere a los cabellos, como está escrito: «El cortado de tu cabello *–nizrej–*» (Jeremías 7, 29). «Más purpúreos que las gemas *–pninim–*». Y –las gemas– se llaman *pninim* porque se las guarda en el interior *–bifnim–*. «Y cortados del zafiro». Brillantes como el zafiro.

ח. חשך משחור תוארם, לא ניכרו בחוצות; צפד עורם על-עצמם, יבש היה כעץ.

**8. «El aspecto de ellos se volvió más oscuro que el carbón».** Esos hombres que eran más puros que la nieve, más limpios que la leche, más purpúreos que las gemas, ahora el aspecto de ellos se volvió más oscuro que el carbón. **«No se los reconocía en las calles».** Aquellos que los vieron en el pasado, al venir no los reconocieron. **«Su piel se adhirió a sus huesos, estaba seca como un madero».**

ט. טובים היו חללי-חרב, מחללי רעב: שהם יזובו מדוקרים, מתנובות שדיי.

**9. «Mejor les fue a los muertos a espada que a los muertos por el hambre; porque de ellos, cuando fueron traspasados, fluía el producto de la tierra** –que habían comido–». Si hubiese dicho: «Mejor les fue a los muertos a espada que a los muertos por el hambre», y después hubiera callado, yo hubiese otorgado una razón el asunto, porque en el que muere de hambre se prolongan sus aflicciones, y el que muere por espada muere en un instante. Pero ahora que dijo: «porque de ellos, cuando fueron traspasados, fluía el producto de la tierra», forzosamente ésa es la razón que da acerca del asunto, por qué les fue mejor a los muertos por espada que a los muertos por el hambre. Y aparentemente ascendió a su pensamiento decir: por qué era mejor para esos que murieron por espada que para los que murieron por el hambre, porque cuando les daban a probar del producto de la tierra y comían mucho, se rasgaban sus tripas, las cuales se contrajeron por causa del hambre. «Cuando fueron traspasados, fluía». La explicación es que –sus tripas– estaban rasgadas por causa de que comían el producto de la tierra y su cuerpo estaba estropeado por causa de los excrementos que salieron de sus entrañas.

י. ידי, נשים רחמניות–בישלו, ילדיהן; היו לברות
למו, בשבר בת-עמי.

**10. «Las manos de mujeres misericordiosas»,** en el pasado, ahora, **«cocieron a sus hijos; les fueron por alimento en el día del quebrantamiento de la hija de mi pueblo».** Alimento para ellas mismas.

יא. כילה יהוה את-חמתו, שפך חרון אפו; ויצת-אש
בציון, ותאכל יסודותיה.

**11. «El Eterno culminó su enojo, derramó el ardor de su ira; y encendió fuego en Sion, y consumió sus cimientos».**

NUSJA SHENIAH

«El Eterno culminó *–jila–* su enojo, derramó el ardor de su ira; y encendió fuego en Sion, y consumió sus cimientos». Porque derramó contra ellos todo el ardor de su ira. Y se asemeja a esto lo que está escrito: «Acabaré *–ajale–* mis flechas contra ellos» (Deuteronomio 32, 23). Y también: «Y acabaré *–jileti–* mi ira contra ellos» (Ezequiel 6, 12).

יב. לא האמינו מלכי-ארץ, כול יושבי תבל: כי יבוא
צר ואויב, בשערי ירושלים.

**12. «Los reyes de la tierra y todos los moradores de la tierra no creyeron que el enemigo y el acosador entrasen en los portales de Jerusalén».** En el pasado, –no creyeron– que vendría el enemigo y el acosador a los portales de Jerusalén. ¿Y quién les provocó que viniera? (A esto se refiere lo que está escrito a continuación):

יג. מחטאות נביאיה, עוונות כוהניה: השופכים בק־
רבה, דם צדיקים.

**13. «Debido a los pecados de sus profetas, y las trasgresiones de sus sacerdotes, que vertieron en medio de ella sangre de justos».**

יד. נעו עיוורים בחוצות, נגואלו בדם; בלא יוכלו,
ייגעו בלבושיהם.

**14. «Deambularon** –como– **ciegos en las calles, se ensuciaron con sangre, y no podían tocar sus propias vestimentas».** Porque se tornaron detestables por la sangre, a tal punto que las personas no podían tocar sus vestimentas. A esto se refiere lo que está escrito: «y no podían tocar sus propias vestimentas».

NUSJA SHENIAH

«Deambularon –como– ciegos en las calles [...]». Debido a que se ensuciaron con sangre. Porque quien está herido en su cabeza, la sangre se desliza sobre sus ojos, y no ve, como si estuviera ciego. «Y no podían tocar sus propias vestimentas». Porque se ensuciaron tanto con sangre a tal punto que las personas no podían tocar sus vestimentas.

יד. נעו עיוורים בחוצות, נגואלו בדם; בלא יוכלו,
ייגעו בלבושיהם.

**15. «¡Apartaos, impuros!, les decían; ¡Apartaos, apartaos, no toquéis! Porque apestaban y también deambulaban».** De los preceptos del Santo, Bendito Sea. «Apestaban *–naztu–*», como: «Proporcionad alas *–tzitz–* a Moab para que salga volando» (Jeremías 48, 9). Y la explicación es: «Proporcionad alas *–tzitz–* a Moab para que salga volando su honor». Y también aquí la expresión *naztu* significa volar, porque se apartaron de los caminos del Omnipresente. «También deambulaban *–nau–*». También se quitaron *–hiniu–* ellos mismos de sus preceptos. **«Y los de los pueblos dijeron: "No volverán para morar"».** Cuando fueron exiliados entre los pueblos, los de los pueblos decían que no volverán para morar en su tierra.

NUSJA SHENIAH

«¡Apartaos, impuros!, les decían». ¿Por qué vino sobre ellos todo eso? «Porque apestaban y también deambulaban». Porque se tornaron apestables ante el Santo, Bendito Sea, y por eso los envió al exilio, como se especifica a continuación: «y también deambulaban».

## טז. פני יהוה חילקם, לא יוסיף להביטם; פני כוהנים לא נשאו, וזקנים לא חננו.

**16. «El rostro de ira del Eterno los apartó».** Los esparció por toda la tierra. **«No volverá a mirarlos».** Todo esto se refiere a palabras de los pueblos. «–Pues– **no honraron la presencia de los sacerdotes, y no agraciaron a los ancianos».**

NUSJA SHENIAH

«El rostro de ira del Eterno los apartó, no volverá a mirarlos». Todas éstas son palabras de los pueblos. ¿Qué les provocó esto? Porque: «no honraron la presencia de los sacerdotes, y no agraciaron a los ancianos».

טז. פני יהוה חילקם, לא יוסיף להביטם; פני כוהנים לא נשאו, וזקנים לא חננו.

**17. «Nuestros ojos aún se consumían esperando en vano ayuda** –de otros–». Aún podíamos esperar la ayuda de Egipto, porque está escrito acerca de ellos: «Y Egipto su ayuda es vana y de balde» (Isaías 30, 6). «Y ellos no vendrán» (I Reyes 11, 2). Es una manera de hablar de las personas; cuando una persona espera a su compañero, y su compañero no viene, dice: «Hasta ahora podía esperar por ayuda vana». **«Nuestra esperanza estaba puesta en un pueblo en el que no había salvación».**

יח. צדו צעדינו, מלכת ברחובותינו; קרב קיצנו מלאו ימינו, כי-בא קיצנו.

**18. «Acecharon** *–tzadu–* **nuestros pasos para que no anduviésemos en nuestras calles; se acercó nuestro final, se consumieron nuestros días, porque ha llegado nuestro final».** La expresión *tzadu* es una expresión de «asolado» y «ruina». Es decir: asolaron nuestros pasos para que no anduviésemos en nuestras calles.

יט. קלים היו רודפינו, מנשרי שמיים; על-ההרים דלקונו, במדבר ארבו לנו.

**19. «Nuestros perseguidores eran más ligeros que las águilas del cielo».** Explica cuán ligeros eran, ya que **«nos persiguieron sobre los montes».** Porque es común en el perseguidor, si sabe que su enemigo huye por camino llano, vaya tras él y lo persiga, pero cuando sabe que se escabulló en el monte, desiste de buscarlo, y no se fatiga yendo tras él por el monte; pero si nos persiguieron sobre los montes, es común en el perseguidor perseguir en poblado, y cuando sabe que su enemigo huyó al desierto, desiste de perseguirlo, pero incluso en el desierto nos acosaron. A esto se refiere lo que está escrito: **«nos acosaron en el desierto».**

## כ. רוח אפינו משיח יהוה, נלכד בשחיתותם: אשר אמרנו, בצילו נחיה בגויים.

**20. «El aliento de nuestras narices, el ungido del Eterno, fue presa de sus redes; aquel del que habíamos dicho: "A la sombra de él viviremos entre las naciones"».** Lo que está escrito: «El aliento de nuestras narices [...]», hay sabios que dijeron que se refiere a Ioshiahu, y hay sabios que dijeron que se refiere a Guedalia, hijo de Ajikam, que el rey de Babilonia fue riguroso con ellos. Y aparentemente habla acerca de Guedalia, hijo de Ajikam; porque él dice: «Aquel del que habíamos dicho: "A la sombra de él viviremos entre las naciones"». Y en los días de Ioshiahu aún no fueron exiliados los de las tribus de Judá y Benjamín.

NUSJA SHENIAH

«El aliento de nuestras narices, el ungido del Eterno». Se refiere al rey Sedequías, como está escrito: Y prendieron al rey, y lo llevaron al rey de Babilonia en Ribla, y pronunciaron juicio contra él» (II Reyes 25, 6).

## כא. שישי ושמחי בת-אדום, יושבת בארץ עוץ; גם-עליך, תעבור-כוס-תשכרי, ותתערי.

**21. «Regocíjate y alégrate, hija de Edom».** Como el hombre que ve que su compañero comete algún pecado, y le dice: comete todos los pecados que vengan a tu mano, pero sabe que por todos ésos Dios te traerá a juicio. Y también aquí, el profeta vio a Edom, que se alegró con la caída de Israel, entonces le dijo: «Regocíjate, regocíjate, y alégrate, alégrate, hija de Edom». Alégrate ahora de los hijos de Judá, en el día en que se pierden, pero sabe que también sobre ti pasará la copa que pasó sobre Israel. A esto se refiere lo que está escrito: **«que moras en tierra de Uz; la copa pasará también para ti». «Y te embriagarás, y vomitarás».** Y beberás tú y sorberás, y beberás toda la copa hasta que vomites toda la copa. Y ¡ay de las naciones que aún no probaron la copa de aturdimiento[11] y aun en el futuro la beberán! Y bienaventurados los de Israel, que ya bebieron de mano del Eterno la copa de su ira, y tú estableces que a la copa de aturdimiento ya no la volverán a beber. A esto se refiere lo que está escrito:

כב. תם-עוונך, בת-ציון—לא יוסיף, להגלותך; פקד עוונך בת-אדום, גילה על-חטאותייך.

**22. «Ha culminado** –el castigo por– **tu pecado, hija de Sion;** –Dios– **no te volverá a desterrar; recordará tu pecado, hija de Edom, descubrirá tus faltas».** Con lo que estaba cubierta hasta ahora, y ahora se comienza a descubrir, corresponde decir: «descubrirá tus faltas», tal como dijo Isaías: «y la tierra descubrirá la sangre derramada sobre ella, y ya no volverá a encubrir a sus muertos» (Isaías 26, 21).

11. *Véase* Isaías 51, 17.

# V

## א. זכור יהוה מה-היה לנו, הביטה וראה את-חרפתנו.

**1. «El Eterno, recuerda lo que nos ha ocurrido; mira y observa nuestra humillación».**

NUSJA SHENIAH

«El Eterno, recuerda lo que nos ha ocurrido». Cuántas aflicciones hemos soportado.

## ב. נחלתנו נהפכה לזרים, בתינו לנוכרים.

**2. «Nuestra heredad se ha vuelto de extraños; nuestras casas, de extranjeros».**

NUSJA SHENIAH

«Nuestra heredad se ha vuelto de extraños». Como está escrito: «Y el rey de Asiria trajo –personas– de Babilonia, de Kuta, de Ava, de Hamat y de Sefarvaim, y los hizo habitar en las ciudades de Samaria, en lugar de los hijos de Israel; y poseyeron a Samaria, y moraron en sus ciudades» (II Reyes 17, 24).

## ג. יתומים היינו ואין אב, אימותינו כאלמנות.

**3. «Hemos sido como huérfanos sin padre; nuestras madres, como viudas».**

NUSJA SHENIAH

«Hemos sido como huérfanos sin padre». Ésta es la explicación: fuimos como huérfanos, y no porque no tuviéramos padre, porque tenemos padre, sino porque el padre no puede ayudar al hijo, y el hijo no puede ayudar al padre, nosotros somos considerados como huérfanos que no tienen padre; y al final el versículo prueba esta explicación, porque declara: «nuestras madres, como viudas». No fue dicho «viudas», sino «como viudas», porque sus esposos están con vida y no las pueden sustentar.

## ד. מימינו בכסף שתינו, עצינו במחיר יבואו.

**4. «Hemos bebido nuestra agua por plata; nuestra leña nos llega por precio».** No digas agua de otros, sino que incluso nuestra propia agua hemos bebido por plata. Y no digas leña de otros, sino que incluso nuestra propia leña nos llega por precio.

NUSJA SHENIAH

«Hemos bebido nuestra agua por plata; nuestra leña nos llega por precio». Incluso las cosas que son gratuitas, el agua y la leña, que toda persona lleva su cántaro al manantial y trae agua y bebe, y toda persona va al bosque a cortar leña, y nosotros, a causa del miedo por el enemigo, de que no nos hagan daño, porque ellos fueron tras nuestros pasos hasta el extremo que no pudimos andar por nuestras calles, contratamos a otros para que nos trajeran agua y leña.

## ה. על צווארנו נרדפנו, יגענו ולא הונח-לנו.

**5. «Fuimos perseguidos** –estando la carga– **sobre nuestro cuello; nos extenuamos sin tener reposo».** El dinero por el que nos esforzamos, los pueblos del mundo no nos lo dejan, sino que vienen y lo toman de nosotros.

NUSJA SHENIAH

«Fuimos perseguidos –estando la carga– sobre nuestro cuello». Porque ponían el yugo de ellos sobre nuestro cuello y tomamos nuestro dinero, tal como se especifica a continuación: «nos extenuamos sin tener reposo *–hunaj–*». El dinero por el que nos esforzamos, los pueblos del mundo no nos lo dejan, sino que vienen y lo toman de nosotros. Si la letra *nun* de la expresión *hunaj* estuviese vocalizada de manera suave, sin acentuar, la explicación sería ésta: «sin tener reposo». Pero debido a que esta letra está vocalizada con el signo de acentuación denominado *daguesh,* la explicación es ésta: nosotros nos esforzamos; y los pueblos del mundo no nos lo dejan, sino que vienen y lo toman.

## ו. מצריים נתנו יד, אשור לשבוע לחם.

**6. «Extendimos** *–natanu–* **la mano al egipcio, y al asirio».** El signo de acentuación denominado *daguesh* que aparece en la letra *nun,* viene en lugar de la segunda letra *nun.* (Es decir, su función es duplicar a esta letra). Y es como si estuviese escrito: «Extendimos *–natannu–* la mano». Es decir, les dimos la mano para escucharlos y estar sometidos a ellos, y huimos allí por ayuda. **«Para saciarnos de pan».** Y también con los asirios nos unimos en lazos de amistad para saciarnos con ellos de pan.

## ז. אבותינו חטאו ואינם, ואנחנו עוונותיהם סבלנו.

**7. «Nuestros padres pecaron y no están; y nosotros cargamos sus faltas».** Es decir, aunque no están, porque ya murieron, nosotros soportamos sus pecados.

NUSJA SHENIAH

«Nuestros padres pecaron y no están; y nosotros cargamos sus faltas». Es decir, aunque no están, porque ya murieron, nosotros soportamos sus pecados. Porque no sólo por nuestros pecados fuimos exiliados de nuestra tierra y el Templo Sagrado fue destruido en nuestros días, sino que en nuestra generación fue recordado el pecado de todas las generaciones; y así estudiaron nuestros sabios: Sedequías bebió el poso de todas las generaciones.

## ח. עבדים משלו בנו, פורק אין מידם.

**8. «Siervos se enseñorearon de nosotros; y no hubo quien nos salvara de la mano de ellos».**

NUSJA SHENIAH

«Siervos se enseñorearon de nosotros; y no hubo quien nos salvara de la mano de ellos». No se asemeja el enseñoreado de un siervo cuando domina en el pueblo, al enseñoreado de un hombre libre cuando domina en el pueblo. Porque cuando un siervo se enseñorea del pueblo, el sometimiento que impone sobre el pueblo es más duro que el sometimiento de un hombre libre. Y lo mismo respecto a una buena cualidad. Y a esto se refiere lo que está escrito: «Sino, que a causa de su amor hacia vosotros, y por cuidar el juramento que juró a vuestros padres, el Eterno os sacó con mano fuerte y os redimió de la casa de la esclavitud, de la mano del faraón, rey de Egipto» (Deuteronomio 7, 8). Se aprende que es más duro el enseñoreado de un siervo cuando gobierna en el pueblo que el enseñoreado de una persona libre.

## ט. בנפשנו נביא לחמנו, מפני חרב המדבר.

**9. «Traíamos nuestro pan** –arriesgando la vida– **por nuestras almas, ante la espada del desierto».**

NUSJA SHENIAH

«Traíamos nuestro pan por nuestras almas, ante la espada del desierto». Como un hombre que pone «su alma en su mano» –arriesgando la vida– y la arroja frente a él, así traíamos nuestro pan ante la espada del enemigo que nos acosaba en el desierto, tal como fue mencionado previamente: «nos persiguieron sobre los montes, nos acosaron en el desierto» (Lamentaciones 4, 19).

## י. עורנו כתנור נכמרו, מפני זלעפות רעב.

**10. «Nuestra piel se oscureció como un horno a causa del ardor del hambre».** La piel se achicharró y se arrugó, tornándose pliegues, pliegues, como si hubiese sido quemada por un horno ardiente.

## יא. נשים בציון ענו, בתולות בערי יהודה.

**11. «Vejaron a las mujeres en Sion, a las vírgenes en las ciudades de Judá».**

NUSJA SHENIAH

«Vejaron a las mujeres en Sion, a las vírgenes en las ciudades de Judá». Ésta es la explicación: vejaron a las mujeres –casadas– y a las vírgenes en Sion, y asimismo a las mujeres –casadas– y a las vírgenes en las ciudades de Judá.

## יב. שרים בידם נתלו, פני זקנים לא נהדרו.

**12. «Colgaron de las manos a los príncipes; no honraron el rostro de los ancianos».**

## יג. בחורים טחון נשאו, ונערים בעץ כשלו.

**13. «Los jóvenes cargaron molinos, y los adolescentes fueron debilitados con los leños».**

NUSJA SHENIAH

«Los jóvenes cargaron molinos». El enemigo los cargó con –pesadas– piezas de molinos. «Y los adolescentes fueron debilitados con los leños». Pues los hicieron cargar carga de leños.

## יד. זקנים משער שבתו, בחורים מנגינתם.

**14. «Los ancianos cesaron de estar en la entrada; los jóvenes de** –entonar– **sus canciones».**

NUSJA SHENIAH

«Los ancianos cesaron de estar en la entrada». Éste anulaba lo de él, y éste anulaba lo de él.

## טו. שבת משוש ליבנו, נהפך לאבל מחול.

**15. «Cesó el regocijo de nuestro corazón; nuestra danza se transformó en duelo».**

## טז. נפלה עטרת ראשנו, אוי-נא לנו כי חטאנו.

**16. «Ha caído la corona de nuestra cabeza; y ahora, ¡ay de nosotros!, porque hemos pecado».**

NUSJA SHENIAH

«¡Ay de nosotros!, porque hemos pecado». ¡Ay de nosotros! Porque nos ha venido conforme a nuestros pecados.

## יז על-זה, היה דווה ליבנו–על-אלה, חשכו עינינו.

**17. «Por esto, nuestro corazón estaba angustiado; por eso, nuestros ojos se oscurecieron».** Porque el monte de Sion quedó asolado. Dejó todas las aflicciones mencionadas anteriormente que les acontecieron. Porque en todas ellas no dijo: «Por esto, nuestro corazón estaba angustiado», sino por el monte de Sion que quedó asolado. Se aprende que era más duro para ellos la destrucción del Templo Sagrado que todas las aflicciones que les sobrevinieron.

## ח. על הר-ציון ששמם, שועלים הילכו-בו.

**18. «Porque el monte de Sion quedó asolado, zorros anduvieron** *–hilju–* **por él».** Lo pisotearon y hollaron. La expresión *hilju* significa «pisotear», tal como fue estudiado: «anda *–holej–* en ellos para trabajarlos, son puros». A esto se refiere lo que mencionó en su composición –que consta en el libro de Slijot– rabí Guershom, que sea recordado para bendición: «zorros lo pisotearon y fue arado».

NUSJA SHENIAH

«Porque el monte de Sion quedó asolado». Al parecer, ésta es la explicación: por todo lo que hemos sido azotados no hay que afligirse tanto, porque no se cobró de nosotros sino en forma justa, tal como se menciona explícitamente: «¡Ay de nosotros!, porque hemos pecado» (Lamentaciones 5, 16). Pero por el monte de Sion que no pecó y fue asolado: «Por esto, nuestro corazón estaba angustiado».

## יט. אתה יהוה לעולם תשב, כיסאך לדור ודור.

**19. «Tú, el Eterno, establécete para siempre; tu trono permanezca de generación en generación».** Supe que te establecerías para siempre, y ya que es así: («¿Por qué nos olvidas perpetuamente y nos abandonas por largos días?»).

NUSJA SHENIAH

«Tú, el Eterno, establécete para siempre; tu trono permanezca de generación en generación». Ésta es la explicación: si el monte de Sion fue asolado, tú, el Eterno, establécete para siempre.

## כ. למה לנצח תשכחנו, תעזבנו לאורך ימים.

**20. «¿Por qué nos olvidas perpetuamente y nos abandonas por largos días?».** ¿Acaso no nos has jurado por ti que, así como tú eres perpetuo, del mismo modo tú juramento es perpetuo?

## כא. השיבנו יהוה אליך ונשובה, חדש ימינו כקדם.

**21. «El Eterno, retórnanos a ti, y retornaremos; renueva nuestros días como antes».**

NUSJA SHENIAH

«El Eterno, retórnanos a ti, y retornaremos». Es habitual en el mundo que un siervo que se rebela contra su señor, su señor lo castigue, y el siervo se arrepiente, y el señor lo recibe. Y tú, ¿por qué nos olvidas perpetuamente? «El Eterno, retórnanos a ti, y retornaremos». Ya que nosotros deseamos volver, acéptanos con arrepentimiento. «Renueva nuestros días como antes». Como los días en que los hijos de Israel estaban en su tierra, y Jerusalén estaba sosegada, y sus ciudades en derredor. «El Eterno, retórnanos a ti, y retornaremos». Si Jerusalén era tu trono en lo bajo hasta que fue destruida, «renueva nuestros días como antes». Como esos días en los que elegiste a Jerusalén por tu trono, tal como está escrito: «Éste es mi sosiego perpetuo; aquí moraré, porque la he deseado» (Salmos 132, 14). «Yo te he edificado una morada, Zebul, un sitio en el que tú habites para siempre» (I Reyes 8, 13).

## כב. כי אם-מאוס מאסתנו, קצפת עלינו עד-מאוד.

**22. «Porque si nos has rechazado».** Porque hemos pecado no deberías aumentar contra nosotros el enojo con que te has enojado. **«Te has enfurecido demasiado contra nosotros».** Debido a que culmina con palabras de reproche necesitó duplicar el versículo anterior. Y así también con Eclesiastés, Isaías, y los doce profetas.[12]

12. Los doce libros de los profetas menores que constan en la Biblia.

# APÉNDICE 1

## EXPLICACIÓN CORRESPONDIENTE AL CAPÍTULO IV

En este capítulo hay 22 versículos en correspondencia con las 22 letras del alfabeto hebreo. Y en el libro de Lamentaciones hay 7 alfabetos hebreos completos. Los mismos están indicados en los versículos y en las letras iniciales de estos.

El primer alfabeto hebreo está indicado en el versículo que manifiesta: «¡Cómo ha quedado solitaria la ciudad de pueblo numeroso, como una viuda [...]!» (Lamentaciones 1, 1). La declaración: «Cómo ha quedado solitaria» en el texto original hebreo está escrita a través de la locución: *«eija iashva»*. Y la expresión *Eijá* comienza con la letra *alef*, que es la primera letra del alfabeto hebreo. Y los versículos que le suceden, cada uno de ellos comienza con la letra siguiente del alfabeto hebreo, hasta completarse las 22 letras del alfabeto hebreo en los 22 versículos del primer capítulo de Lamentaciones.

El segundo alfabeto hebreo está indicado en el versículo que manifiesta: «¡Cómo oscureció el Eterno en su ira a la hija de Sion [...]!» (Lamentaciones 2, 1). La declaración: «Cómo oscureció» en el texto original hebreo está escrita a través de la locución: *«eija iaiv»*. Y la expresión *Eijá* comienza con la letra *alef*, que es la primera letra del alfabeto hebreo. Y los versículos que le suceden, cada uno de ellos comienza con la letra siguiente del alfabeto hebreo, hasta completarse las 22 letras del alfabeto hebreo en los 22 versículos del primer capítulo de Lamentaciones.

El tercer alfabeto hebreo está indicado en el versículo que manifiesta: «¡Cómo se ha oscurecido el –rostro de las personas que brillaban como el– oro, y se ha alterado el aspecto del buen oro! [...]» (Lamentaciones 4, 1). La declaración: «Cómo se ha oscurecido» en el texto original hebreo está escrita a través de la locución: *«eija iuam»*. Y la expresión *Eijá* comienza con la letra *alef,* que es la primera letra del alfabeto hebreo. Y los versículos que le suceden, cada uno de ellos comienza con la letra siguiente del alfabeto hebreo, hasta completarse las 22 letras del alfabeto hebreo en los 22 versículos del primer capítulo de Lamentaciones.

A continuación, se observarán otros tres alfabetos: el capítulo 3 del libro de Lamentaciones manifiesta: «Yo soy el hombre que vio la aflicción –generada– con la vara de su ira» (Lamentaciones 3, 1). La declaración: «yo» en el texto original hebreo está escrita a través de la locución: *«ani»,* y comienza con la letra *alef,* que es la primera letra del alfabeto hebreo.

El versículo siguiente manifiesta: «Me condujo y me llevó a la oscuridad, y no a la luz» (Lamentaciones 3, 2). La declaración «me» en el texto original hebreo está escrita a través de la locución: *«oti»,* y comienza con la letra *alef,* que es la primera letra del alfabeto hebreo.

El versículo siguiente manifiesta: «Ciertamente se volvió contra mí y batió su mano todo el día» (Lamentaciones 3, 3). La declaración: «ciertamente» en el texto original hebreo está escrita a través de la locución: *«aj»,* y comienza con la letra *alef,* que es la primera letra del alfabeto hebreo.

Los tres primeros versículos de este capítulo comienzan con la letra *alef.* Los tres versículos siguientes comienzan con la letra *bet,* que es la segunda letra del alfabeto hebreo. Los tres versículos siguientes comienzan con la letra *guimel,* que es la tercera letra del alfabeto hebreo. Los tres versículos siguientes comienzan con la letra *dalet,* que es la cuarta letra del alfabeto hebreo. Y esta secuencia se reitera hasta completarse todo el alfabeto hebreo tres veces. Por esa razón, este capítulo tiene 66 versículos; o sea, tres veces 22, que es la cantidad de letras del alfabeto hebreo.

He aquí seis alfabetos hebreos indicados en los primeros cuatro capítulos del libro de Lamentaciones. Y el séptimo alfabeto está indicado en el quinto capítulo, que tiene 22 versículos, uno en correspondencia con cada letra del alfabeto hebreo.

He aquí siete alfabetos, para cumplir con lo que está dicho: «Entonces me conduciré con vosotros con dura ira, y os castigaré, aún yo, siete veces por vuestros pecados» (Levítico 26, 28).

# APÉNDICE 2

## TRADUCCIÓN DE LOS VERSÍCULOS DEL LIBRO DE LAMENTACIONES

### I

1. ¡Cómo ha quedado solitaria la ciudad de pueblo numeroso, como una viuda! Era grande y ministra entre las naciones, y se ha vuelto tributaria.

2. Ciertamente llora en la noche, y su lágrima está sobre sus mejillas, no tiene consuelo de todos los que la amaban; todos sus compañeros se le rebelaron, se convirtieron en sus enemigos

3. Judá fue exiliada de la pobreza y de la pesada servidumbre; ella residió con las naciones y no halló reposo, todos sus perseguidores la alcanzaron en las fronteras.

4. Los caminos de Sion están enlutados, porque no hay quien venga a las festividades solemnes; todos sus portales están asolados, sus sacerdotes gimen, sus vírgenes afligidas, y ella está con amargura.

5. Sus opresores fueron convertidos en cabezas –líderes–; sus enemigos estuvieron sosegados, porque el Eterno la afligió por sus muchos pecados, sus retoños fueron al exilio ante el opresor.

6. Se apartó de la hija de Sion todo su esplendor; sus príncipes fueron como ciervos sin hallar pasto, y fueron ante el perseguidor sin fuerza.

7. Jerusalén recordó en sus días de aflicción y rebeliones todas las cosas buenas que tuvo desde los días de antaño, y ahora,

con la caída de su pueblo en mano del enemigo, no habiendo quien la ayudase, la vieron los enemigos, y se burlaron de su abatimiento.

8. Ciertamente Jerusalén pecó, y por eso fue desterrada; todos los que la honraban la despreciaron, porque vieron su desnudez, y también ella gimió y se volvió atrás.
9. Su impureza está en sus confines, y no tuvo memoria de –lo que sería de– su posteridad; y cayó de manera sorprendente, sin tener quien la consuele; el Eterno, observa mi aflicción, porque el enemigo ha engrandecido.
10. El enemigo extendió su mano a todas sus cosas preciadas; y vio a los pueblos entrar en su Templo Sagrado, a los cuales has ordenado no entraran en tu congregación.
11. Todo su pueblo gemía buscando pan; entregaron sus cosas preciadas por alimento, para apaciguar el alma –existencial–; el Eterno, observa y ve, porque estoy abatida.
12. No sea –como esto– sobre vosotros, a todos los que pasan por el camino; observad y ved si hay dolor como mi dolor que me ha venido; pues el Eterno me ha afligido en el día del ardor de su ira.
13. Ha enviado fuego de lo Alto a mis huesos, y los quebrantó; ha tendido una red a mis pies, me hizo volver atrás, me ha dejado asolada, todo el día apenada.
14. El yugo de mis insubordinaciones ha sido arrastrado por su mano; se expandieron, ascendieron a mi cuello, debilitó mis fuerzas; el Eterno me entregó en manos contra las cuales no me podré levantar.
15. El Señor holló a todos mis valientes en mi interior, llamó plazo contra mí para quebrantar a mis jóvenes; el Eterno ha pisado cual lagar a la virgen hija de Judá.
16. Por eso yo lloro, mi ojo, mi ojo destila agua, porque se alejó de mí el que consuela, para apaciguar mi alma; mis hijos fueron asolados, porque el enemigo ha prevalecido.

17. Sion extendió sus manos sin que hubiera quien la consolara, porque el Eterno ordenó contra Jacob que sus enemigos estuviesen en derredor de ella; Jerusalén fue apartada entre ellos.

18. El Eterno es justo, porque me rebelé contra –la palabra de– su boca; oíd ahora todos los pueblos y observad mi dolor, mis vírgenes y mis jóvenes han sido llevados en cautiverio.

19. Clamé a quienes me amaban, y ellos me engañaron; mis sacerdotes y mis ancianos fallecieron en la ciudad, porque buscaban comida para apaciguar sus almas –existenciales–.

20. El Eterno, observa porque estoy afligida, mis entrañas arden, mi corazón se perturba en mi interior, porque ciertamente me he rebelado; por fuera acometió la espada, en la casa –la aflicción es dura– como la muerte.

21. Oyeron que yo gemía, y no hay quien me consuele, todos mis enemigos oyeron mi mal, y se contentaron porque tú has hecho –lo que has hecho–; harás que venga el día que has anunciado y serán como yo.

22. Toda la maldad de ellos vendrá ante ti, y harás con ellos tal como has hecho conmigo por todas mis insubordinaciones; porque mis gemidos son muchos y mi corazón está apenado.

## II

1. ¡Cómo oscureció el Eterno en su ira a la hija de Sion! Arrojó el esplendor de Israel del cielo a la tierra; y en el día de su ira no se acordó del estrado de sus pies.

2. El Eterno consumió y no perdonó; en su ira destruyó todas las moradas de Jacob, a las fortalezas de la hija de Judá derribó a tierra, humilló al reino y a sus ministros.

3. En el ardor de su ira tronchó toda la gloria de Israel; volvió atrás su diestra frente al enemigo, y se encendió en Jacob como llama de fuego ardiente que consumió en derredor.

4. Tensó su arco como enemigo, alzó su diestra como adversario y exterminó todo lo deseable al ojo; derramó su ira como fuego en la tienda de la hija de Sion.
5. El Señor fue como enemigo, consumió a Israel, consumió todos sus palacios, destruyó sus fortalezas; y aumentó en la hija de Judá lamento y aflicción.
6. Y tronchó su tienda como –se corta la maleza de– un jardín, destruyó su –sitio de reunión en el– plazo; el Eterno hizo olvidar los plazos y los días de reposo en Sion, y en el ardor de su ira aborreció al rey y al sacerdote.
7. El Señor apartó su altar, anuló su Templo Sagrado; entregó las murallas de sus palacios en manos del enemigo; dieron voces en la casa dl Eterno como día festivo.
8. El Eterno decidió destruir la muralla de la hija de Sion, tendió la línea, no volvió su mano de la destrucción; y fueron destruidos la muralla y el muro, fueron tronchados juntos.
9. Sus portales se hundieron en la tierra, destruyó y quebró sus cerrojos; su rey y sus ministros estuvieron entre las naciones sin Torá, y tampoco sus profetas hallaron visión del Eterno.
10. Los ancianos de la hija de Sion se sentaron en la tierra en silencio, colocaron polvo sobre sus cabezas, se ciñeron de arpillera; las vírgenes de Jerusalén hicieron caer sus cabezas a tierra.
11. Mis ojos se consumieron en lágrimas, mis entrañas ardieron, mi hígado se derramó en tierra, por el quebranto de la hija de mi pueblo; porque el niño y el bebé desfallecían en las calles de la ciudad.
12. –Los hijos– decían a sus madres: ¿Dónde hay trigo y vino? Cuando estaban echados en las calles de la ciudad como muertos, derramándose sus almas en el regazo de sus madres.
13. ¿Qué testimonio te traeré o con quién te compararé, hija de Jerusalén? ¿Con quién te cotejaré para consolarte, virgen hija

de Sion? Porque tu quebranto es grande como el mar, ¿quién te sanará?

14. Tus –falsos– profetas visualizaron para ti falsedad y vanidad, y no descubrieron tu pecado para hacerte volver en arrepentimiento, y visualizaron para ti visiones vanas y destierro.

15. Todos los que pasaban por el camino agitaron las palmas –de las manos– sobre ti, silbaron, y menearon sus cabezas sobre la hija de Jerusalén, y dijeron: ¿Ésta es la ciudad de la cual decían es coronada de hermosura y el regocijo de toda la tierra?

16. Todos tus enemigos abrieron ampliamente su boca contra ti, silbaron y rechinaron los dientes, y dijeron: «Los devoramos, éste es el día que hemos esperado, lo hemos hallado, lo hemos visto».

17. El Eterno hizo lo que pensó, cumplió lo que dijo, lo que ordenó desde tiempos de antaño, destruyó, y no se apiadó, y el enemigo se alegró sobre ti; encumbró el poder de tus adversarios.

18. El corazón de ellos clamaba al Señor; –tú– muralla de la hija de Sion, haz descender lágrimas día y noche como arroyo, no te des descanso, y no cesen las pupilas de tus ojos.

19. Levántate, alaba en la noche, al comienzo de las guardias, derrama como agua tu corazón ante la presencia del Señor; eleva tus manos a él por el alma existencial de tus retoños, que desfallecen de hambre a la cabeza de todas las entradas.

20. El Eterno mira y observa a quién has hecho así, pues, ¿ocurrió algo como esto, que las mujeres coman el fruto de sus entrañas, los retoños criados por ellas? ¿Han de morir en el Templo Sagrado del Señor el sacerdote y el profeta?

21. Jóvenes y ancianos yacían acostados en la tierra de las calles; mis vírgenes y mis mozos cayeron a espada, has matado en el día de tu ira, has degollado y no te has apiadado.

22. Has llamado a los que moran en mi derredor a congregarse como en un día de fiesta; y en el día de la ira del Eterno no

hubo quien se salvara ni sobreviviera, a quienes he criado y hecho crecer, mi enemigo los exterminó.

## III

1. Yo soy el hombre que vio la aflicción –generada– con la vara de su ira.
2. Me condujo y me llevó a la oscuridad, y no a la luz.
3. Ciertamente se volvió contra mí y batió su mano todo el día.
4. Deterioró mi carne y mi piel, y quebrantó mis huesos.
5. Edificó –cerrojo– contra mí, y me rodeó de ponzoña y extenuación.
6. Me hizo volver en la oscuridad, como los muertos del mundo.
7. Cercó contra mí y no saldré –de allí–; endureció mis cadenas.
8. Aun si gritare y clamare, ha cerrado –las ventanas del cielo ante– mi plegaria.
9. Cercó mis caminos con piedras labradas, torció mis senderos.
10. Fue conmigo cual oso acechante, como león en escondites.
11. Esparció espinos en mis caminos y abrió mis pasos –como quien abre sus pasos para sortear los obstáculos del camino–, y me dejó en asolación.
12. Tensó su arco, y me puso como objetivo de la flecha.
13. Hizo entrar en mis riñones las flechas de su carcaj.
14. Fui burla para todo mi pueblo, entonaban cántico todo el día.
15. Me sació de amarguras, me dio a beber ajenjo.
16. Quebró mis dientes con pedregullo, me cubrió con ceniza.
17. Y mi alma se apartó de la paz; me olvidé del bien.
18. Y dije: «Se ha perdido mi poder, y mi esperanza en el Eterno».

19. Acuérdate de mi aflicción y mi desfallecimiento, el ajenjo y la hiel.

20. Ciertamente acuérdate, y ora por mí, alma mía.

21. A esto consideraré en mi corazón, por eso tendré esperanza.

22. Por las bondades del Eterno, porque no hemos perecido, ya que sus misericordias no se han acabado.

23. Nuevas son por las mañanas; grande es tu fidelidad.

24. El Eterno es mi porción, dijo mi alma; por eso, esperaré en él.

25. El Eterno es bueno con los que confían en él; y con el alma que lo busca.

26. Es bueno tener esperanza en silencio y anhelar la salvación del Eterno.

27. Es bueno para el hombre llevar el yugo desde su juventud.

28. Se ha de sentar solo y –esperar– en silencio, porque –Dios– ha puesto sobre él –esa carga–.

29. Ha de poner su boca en el polvo –prosternándose a Dios–, porque tal vez hay esperanza.

30. Ponga la mejilla al que lo golpea, y sáciese de humillación.

31. Pues el Señor no aparta para siempre.

32. Porque si aflige, tiene misericordia según sus grandes bondades.

33. Porque no aflige de –propio– corazón ni apesadumbra a los hijos de hombre.

34. Para quebrantar bajo los pies a todos los reclusos de la tierra.

35. Pues torcer el juicio del hombre es contrario a la –voluntad de la– presencia del Altísimo.

36. –Asimismo– el desviar el pleito del hombre –en un juicio–, el Señor no lo aprueba.

37. ¿Quién es ese que diga que algo sea y el Señor no lo ordenó?

38. ¿De la boca del Altísimo no saldrán las cosas malas y lo bueno?
39. El hombre, ¿por qué se ha de afligir? El hombre valiente se ha de afligir por sus pecados.
40. Escudriñemos nuestros caminos y hagamos introspección; volvamos al Eterno.
41. Elevemos nuestros corazones con nuestras manos a Dios en los cielos.
42. Nosotros nos hemos insubordinado y fuimos rebeldes; tú no has perdonado.
43. Has cubierto con ira y nos has perseguido; has matado y no has perdonado.
44. Te has cubierto con nube, para que no pasara la plegaria.
45. Nos has puesto como cosa despreciable y repulsión en medio de los pueblos.
46. Todos nuestros enemigos abrieron su boca contra nosotros.
47. Fue para nosotros temor y caída, asolación y quebranto.
48. Torrentes de aguas descienden de mis ojos por el quebranto de la hija de mi pueblo.
49. Mis ojos derraman –lágrimas– constantemente, sin cesar.
50. Hasta que el Eterno observe y vea desde los cielos.
51. Mis ojos incidieron en mi alma –para volver al Eterno– más que todas las hijas de mi ciudad.
52. Mis enemigos ciertamente me han cazado como a ave, de balde.
53. Troncharon mi vida en el pozo, y me arrojaron piedra.
54. Aguas cubrieron mi cabeza, y dije: «He sido tronchada».
55. El Eterno, invoqué tu nombre desde el pozo profundo.
56. Has oído mi voz, no apartes tu oído a mi clamor para favorecerme.

57. El día en que te invoqué te acercaste; dijiste: «No temas».

58. Señor, has librado los pleitos de mi alma; has redimido mi vida.

59. El Eterno, has visto mi ultraje; juzga mi juicio.

60. Has visto toda la venganza de ellos, todos los pensamientos de ellos contra mí.

61. El Eterno, has oído la infamia de ellos, todas sus conspiraciones contra mí.

62. Los –dichos de– labios de los que se levantaron contra mí y sus conspiraciones contra mí todo el día.

63. Observa el sentarse de ellos y su levantar; soy su entonación.

64. El Eterno, otórgales el pago, conforme a la obra de sus manos.

65. Otórgales quebranto de corazón; tu maldición sea sobre ellos.

66. El Eterno, persíguelos con ira, y extermínalos de debajo de los cielos.

## IV

1. ¡Cómo se ha oscurecido el –rostro de las personas que brillaban como el– oro, y se ha alterado el aspecto del buen oro! ¡Las piedras sagradas están esparcidas en las intersecciones de todas las calles!

2. Los apreciados hijos de Sion, estimables como el oro fino, ¡cómo son considerados cual vasijas de barro, obra de manos de alfarero!

3. Incluso los animales *tanim* sacaron la mama y amamantaron a sus crías; y la hija de mi pueblo fue considerada cruel como las aves corredoras en el desierto.

4. La lengua del niño de pecho se pegó a su paladar por la sed; los niños pequeños pidieron pan y no hubo quien les diera una rebanada.
5. Quienes comían delicias, fueron asolados en las calles; quienes se criaron sobre carmesí, se abrazaron a los basurales.
6. Y el pecado de la hija de mi pueblo aumentó más que el pecado de Sodoma, que fue trastornada en un instante, sin que cayeran sobre ella las manos –de legionarios–.
7. Sus príncipes eran más puros que la nieve, más limpios que la leche; –asimismo había en ellos quienes eran– más purpúreos que las gemas, y cortados del zafiro.
8. El aspecto de ellos se volvió más oscuro que el carbón; no se los reconocía en las calles; su piel se adhirió a sus huesos, estaba seca como un madero.
9. Mejor les fue a los muertos a espada que a los muertos por el hambre; porque de ellos, cuando fueron traspasados, fluía el producto de la tierra –que habían comido–.
10. Las manos de mujeres misericordiosas cocieron a sus hijos; les fueron por alimento en el día del quebrantamiento de la hija de mi pueblo.
11. El Eterno culminó su enojo, derramó el ardor de su ira; y encendió fuego en Sion, y consumió sus cimientos.
12. Los reyes de la tierra y todos los moradores de la tierra no creyeron que el enemigo y el acosador entrasen en los portales de Jerusalén.
13. Debido a los pecados de sus profetas, y las trasgresiones de sus sacerdotes, que vertieron en medio de ella sangre de justos.
14. Deambularon –como– ciegos en las calles, se ensuciaron con sangre, y no podían tocar sus propias vestimentas.
15. ¡Apartaos, impuros!, les decían; ¡Apartaos, apartaos, no toquéis! Porque apestaban y también deambulaban; y los de los pueblos dijeron: «No volverán para morar».

16. El rostro de ira del Eterno los apartó, no volverá a mirarlos; –pues– no honraron la presencia de los sacerdotes, y no agraciaron a los ancianos.

17. Nuestros ojos aún se consumían esperando en vano ayuda –de otros–; nuestra esperanza estaba puesta en un pueblo en el que no había salvación.

18. Acecharon nuestros pasos para que no anduviésemos en nuestras calles; se acercó nuestro final, se consumieron nuestros días, porque ha llegado nuestro final.

19. Nuestros perseguidores eran más ligeros que las águilas del cielo; nos persiguieron sobre los montes, nos acosaron en el desierto.

20. El aliento de nuestras narices, el ungido del Eterno, fue presa de sus redes; aquel del que habíamos dicho: «A la sombra de él viviremos entre las naciones».

21. Regocíjate y alégrate, hija de Edom, que moras en tierra de Uz; la copa pasará también para ti, y te embriagarás, y vomitarás.

22. Ha culminado –el castigo por– tu pecado, hija de Sion; –Dios– no te volverá a desterrar; recordará tu pecado, hija de Edom, descubrirá tus faltas.

## V

1. El Eterno, recuerda lo que nos ha ocurrido; mira y observa nuestra humillación.

2. Nuestra heredad se ha vuelto de extraños; nuestras casas, de extranjeros.

3. Hemos sido como huérfanos sin padre; nuestras madres, como viudas.

4. Hemos bebido nuestra agua por plata; nuestra leña nos llega por precio.

5. Fuimos perseguidos –estando la carga– sobre nuestro cuello; nos extenuamos sin tener reposo.
6. Extendimos la mano al egipcio –para que nos ayudara–, y al asirio, para saciarnos de pan.
7. Nuestros padres pecaron y –ya– no están; y nosotros –que también hemos pecado– cargamos sus faltas.
8. Siervos se enseñorearon de nosotros; y no hubo quien nos salvara de la mano de ellos.
9. Traíamos nuestro pan –arriesgando la vida– por nuestras almas, ante la espada del desierto.
10. Nuestra piel se oscureció como un horno a causa del ardor del hambre.
11. Vejaron a las mujeres en Sion, a las vírgenes en las ciudades de Judá.
12. Colgaron de las manos a los príncipes; no honraron el rostro de los ancianos.
13. Los jóvenes cargaron molinos, y los adolescentes fueron debilitados con los leños.
14. Los ancianos cesaron de estar en la entrada; los jóvenes de –entonar– sus canciones.
15. Cesó el regocijo de nuestro corazón; nuestra danza se transformó en duelo.
16. Ha caído la corona de nuestra cabeza; y ahora, ¡ay de nosotros!, porque hemos pecado.
17. Por esto, nuestro corazón estaba angustiado; por eso, nuestros ojos se oscurecieron.
18. Porque el monte de Sion quedó asolado, zorros anduvieron por él.
19. Tú, el Eterno, establécete para siempre; tu trono permanezca de generación en generación.

20. ¿Por qué nos olvidas perpetuamente y nos abandonas por largos días?

21. El Eterno, retórnanos a ti, y retornaremos; renueva nuestros días como antes.

22. Porque si nos has rechazado, te has enfurecido demasiado contra nosotros.

# ÍNDICE

Prólogo: EIJÁ .......... 7

I .......... 15
II .......... 35
III .......... 49
IV .......... 75
V .......... 87

Apéndice 1: Explicación correspondiente al capítulo IV .......... 97
Apéndice 2: Traducción de los versículos del libro de lamentaciones .......... 101

El Alfabeto de Rabí Akiva, un texto singular y poco conocido por parte del gran público, contiene materiales que participan de las dos grandes corrientes de la literatura cabalística: la Obra de la Creación y la Obra del Carruaje. Presentado bajo la forma de un midrash agádico tradicional, es decir, una compilación rabínica que contiene homilías, agadot o historias ejemplarizantes y pasajes de exégesis bíblica, la obra se encuadra en los llamados midrashim especulativos o místicos, dado que, lejos de ofrecernos una explicación directa y simple sobre los pasajes bíblicos en cuestión, el autor pretende ahondar en el detalle místico, descubrir qué oculto secreto se halla enterrado entre las palabras, entre las propias letras de la Biblia hebrea.

Se trata de un texto que ha llegado a nosotros en diversas versiones, algunas de las cuales permanecen inéditas. La presente edición, realizada por Neil Manel Frau-Cortés a partir del hebreo, contiene dos versiones diferentes, la primera versión de acuerdo a las ediciones de Constantinopla y Venecia así como otros manuscritos, y la segunda versión de acuerdo a las ediciones de Cracovia y Amsterdam y manuscritos adicionales.

Considerado una obra maestra de la literatura **mística rabínica** y escrito por uno de los rabinos medievales españoles más relevantes de la historia, el ***Maguid Meisharim*** sintetiza en unas 600 páginas profundas revelaciones de la **cábala**, la antigua tradición mística del judaísmo, muchas de ellas absolutamente inéditas.

José Caro tardó decenas de años en compilar las revelaciones de un *maguid*, un **ángel**, que se presenta como una personificación de la Mishnah, y que va a transmitirle consejos, enseñanzas e incluso reprimendas al famoso autor del ***Shuljan Aruj***. El *Maguid Meisharim* es un libro sorprendente en más de un aspecto, absolutamente atípico, entre otras cosas, por la cantidad de datos biográficos e íntimos que nos aporta de su autor. Obviamente, se trata de algo excepcional que un gran maestro como Caro proporcione a sus lectores este tipo de testimonio.